COMPILADOS POR OBED GARCÍA

HONDURAS INDUSTRIAL: ENSAYOS SOBRE DESARROLLO, EMPRESA PRIVADA E INTEGRACIÓN REGIONAL 1939-1976

ERANDIQUE
DEBATES

ÍNDICE

INTRODUCCIÓN.. 7

TEORÍA Y REALIDAD ECONÓMICA 9

LOS TÉRMINOS DE INTERCAMBIO EN HONDURAS DE 1930 A 1960 17

INDUSTRIAS NACIONALES 33

DESARROLLO INDUSTRIAL: ORDEN DEL DÍA EN UN QUINTO PISO 39

LA REVOLUCIÓN TECNOLÓGICA Y EL DESARROLLO...........43

LOS INCENTIVOS FISCALES PARA EL DESARROLLO INDUSTRIAL 47

LA EMPRESA PRIVADA EN EL PROCESO DE INTEGRACIÓN 53

DESARROLLO ECONÓMICO DE HONDURAS 67

LAS PERSPECTIVAS HISTÓRICO-SOCIALES DE LA INTEGRACIÓN ECONÓMICA CENTROAMERICANA 89

ALGUNOS PROBLEMAS DEL DESARROLLO INDUSTRIAL DE HONDURAS 105

BREVES APUNTES SOBRE LA EVOLUCIÓN DE LOS SECTORES AGROPECUARIOS E INDUSTRIAL DENTRO DEL PIB Y ALGUNAS DE SUS CARACTERÍSTICAS...119

ALGUNOS ASPECTOS JURÍDICOS DE LA INTEGRACIÓN CENTROAMERICANA-EL CASO DE HONDURAS 129

CLIMA PARA INVERSIONES...133

INTEGRACIÓN CENTROAMERICANA, INTEGRACIÓN NACIONAL Y DESARROLLO ECONÓMICO..137

LECCIONES APRENDIDAS SU RELEVANCIA Y APLICACIÓN EN NUESTROS DÍAS 141

HONDURAS INDUSTRIAL: ENSAYOS SOBRE DESARROLLO, EMPRESA PRIVADA E INTEGRACIÓN REGIONAL 1939-1976
Julio L. Díaz, Manuel A. Bonilla, Medardo Mejía, Mario Rietti, Cristina Nufio, Guillermo Chocano y otros

Recopilados por: Obed García

©Colección Erandique
Supervisión Editorial: Óscar Flores López
Diseño de portada: Andrea Rodríguez
Administración: Tesla Rodas—Jessica Cordero
Director Ejecutivo: José Azcona Bocock
Primera Edición Tegucigalpa,
Honduras—Noviembre de 2025

INTRODUCCIÓN

El estudio del desarrollo económico hondureño a lo largo del siglo XX exige volver a las fuentes que lo documentan con rigor, perspectiva histórica y análisis crítico. El compendio De Industrialización e Integración en Honduras reúne textos escritos entre las décadas de 1930 y 1970, permitiendo observar desde adentro las tensiones, aspiraciones y desafíos que marcaron la transformación del país durante un período decisivo para su economía y su estructura social. En estas páginas convergen diversos autores —Alfonso Bonilla, Adolfo Aguilar, Luis Martínez Figueroa, Sergio E. Honorato, Humberto López Villamil, Mario Rietti, Miguel Facussé, Jorge Bueso Arias, entre otros— quienes, desde sus respectivas disciplinas y momentos históricos, ofrecen un mosaico valioso para comprender el proceso de industrialización y la construcción de políticas económicas en Honduras.

Cada uno de estos escritos refleja no solo la realidad económica de su tiempo, sino también el debate intelectual que acompañó a la modernización del país. Alfonso Bonilla advierte sobre los peligros de aplicar teorías económicas importadas sin considerar la realidad hondureña, subrayando la necesidad de construir modelos propios basados en la estructura social y productiva del país. Adolfo Aguilar, por su parte, analiza los términos de intercambio entre 1930 y 1960, mostrando cómo la dependencia del banano y de otros productos primarios limitó la capacidad nacional para mejorar su bienestar. Luis Martínez Figueroa ilustra con fuerza narrativa la urgencia de un espíritu industrial propio, destacando la importancia de la iniciativa nacional y la participación de la mujer en el desarrollo productivo.

En la década de 1960, autores como Honorato, Rietti y Facussé examinan la industrialización desde la institucionalidad estatal, los incentivos fiscales, la integración centroamericana y el rol creciente de la empresa privada. Finalmente, Jorge Bueso Arias analiza la estructura económica hondureña con precisión técnica, describiendo los desafíos del territorio, la infraestructura, el capital humano y la composición productiva del país.

La importancia de estos textos hoy radica en que muestran un país en búsqueda: Honduras intentaba dejar atrás el monocultivo, construir industrias, integrarse a los mercados y fortalecer una institucionalidad económica coherente. Revisarlos en el presente permite reconocer que muchos de los desafíos persisten —dependencia de materias primas, limitado valor agregado, debilidad institucional y escasa diversificación productiva— y que las discusiones de entonces siguen siendo relevantes para orientar los esfuerzos de desarrollo actuales.

TEORÍA Y REALIDAD ECONÓMICA

Alfonso Bonilla[1]

Desde hace algún tiempo, he venido insistiendo en la necesidad de que los economistas deben tener mucho cuidado al recomendar medidas de acción relacionadas, desde luego, con problemas económicos. Esta insistencia se debe a que existe una serie de trampas peligrosas que hacen de una buena y bien intencionada recomendación un caos capaz de producir muchos daños o perjuicios a la sociedad. Quizás no sea muy obvio, pero entre más atrasada es una sociedad, más peligros tiene para caer en la trampa del uso de teorías económicas equivocadas ya que el mismo atraso le impide tener o elaborar sus propias teorías. Esta situación obliga, por tanto, a usar teorías que han sido originadas en otras sociedades y que son importadas ya sea por medio de expertos extranjeros o mediante el entrenamiento de nuestra propia gente en otros países. De cualquier manera, que esto suceda, lo importante es que debemos estar conscientes de que los errores que se cometen usando teorías equivocadas para solucionar problemas implican un alto costo para la sociedad.

Yo creo haber demostrado en un estudio hecho para el Banco Nacional de Fomento, que la distribución de su crédito no ha sido la mejor para una sociedad como la nuestra, tomando en cuenta desde luego que el Banco es una institución encargada de promover el desarrollo económico nacional. Si aceptamos esto último, se implica que el crédito debe ir acompañado de varias actividades que lo complementan, y que ayudan a introducir el cambio tecnológico o el cambio en las estructuras de la producción de las propias empresas.

Esas actividades adicionales al crédito pueden denominarse como de asistencia técnica, la cual debe ser dada por el Estado. Si el crédito no va acompañado de asistencia técnica el resultado es que el cambio tecnológico se deja en manos de las unidades productivas privadas, o sea que el Estado toma un papel pasivo y deja la parte activa a

---

[1] Presidente del Colegio de Economistas. Artículo publicado en la revista Pensamiento Económico de 1975, año 1, número 1. pp. (11-19)

aquellas para promover el desarrollo. Este tipo de crédito no puede llamarse propiamente de desarrollo, sino más bien que un crédito para promover el simple incremento de la producción. Aquí puede verse el uso de una teoría no adaptable al medio, pero la misma es perfectamente aplicable en una sociedad avanzada donde el crédito solamente se distribuye a los empresarios y éstos en general se encargan de todo el progreso técnico.

Esto es lo que ha sucedido o sucede en países como Estados Unidos, Canadá y los países de Europa Occidental principalmente. Es claro que en un país como Honduras si solamente se da el crédito no es totalmente cierto que los productores se encargarán de realizar todo el progreso técnico necesario para llegar a ser eficientes en la producción y adquirir a la vez la capacidad para competir en los mercados internos e internacionales con los productores de otros países tanto en la industria como en la agricultura.

En una sociedad como la nuestra, el uso de teorías equivocadas se puede intensificar en un grado significativo frente a grandes problemas o desequilibrios de tipo estructural, tal como es el caso de la destrucción originada por el huracán "Fifí", que habiendo destruido nuestra principal fuente de divisas, o sea nuestra principal fuente para pagar nuestras importaciones para satisfacer tanto necesidades de consumo como de inversión, la sociedad hondureña, o más bien su economía, ha quedado totalmente desequilibrada, e inclusive, podemos decir, a la deriva.

Es obvio que, si nuestra principal fuente de exportaciones ha sido prácticamente destruida, los problemas del cambio exterior se volverán tan agudos como jamás se registró en nuestra historia. También es obvio que para hacer frente al problema se propondrán una serie de soluciones posibles. Es en este punto donde debe tenerse sumo cuidado al escoger las medidas más convenientes para aliviar la situación. Para algunos colegas lo más indicado podrá ser que su solución implique el establecimiento de un rígido control de cambios; para otros será conveniente más bien limitar nuestras importaciones por medio de cuotas o contingentes de importación.

En otros casos podría indicarse que se puede formar un mercado libre y un mercado oficial para cambios exteriores. Quizás pocos podrán pensar que sería conveniente guardar cierta libertad cambiaria hasta donde nuestros financiamientos externos lo permitan o lo hagan posible. Esto podría hacerse desde luego siempre que se reciba la ayuda financiera apropiada tanto de organismos internacionales como de gobiernos y sociedades amigos.

Los peligros de caer en una trampa desde luego no son tan evidentes, pero unos dos ejemplos nos ayudarán a identificarlos por lo menos en términos generales. Hace unos años, un compañero de estudios de un país sudamericano me informaba del dramático caso inflacionario de su país y la corrupción que existía al respecto. El tipo de cambio oficial en dicho país era de 300 unidades monetarias por dólar y a la vez existía un tipo de cambio libre que se acercaba a las 15 mil unidades monetarias por dólar. Los sueldos y salarios tanto del sector privado como del sector público estaban por supuesto ajustados a las fuerzas del mercado libre.

El funcionario de mucho poder estaba en capacidad de cobrar un sueldo de acuerdo con los precios de un mercado libre y a la vez de poder comprar divisas de acuerdo con un tipo de cambio oficial. Esto conducía a privilegios fuera de toda conducta moral y era muy común que con el sueldo de un mes un funcionario estuviera en capacidad de comprar un Cadillac o un vehículo similar o más caro. Este caso puede parecer extremo, pero sucedió en una sociedad con un nivel cultural similar al nuestro.

En el caso hondureño, además del ejemplo de distribución de crédito ya referido, podemos citar que a través de muchos años las bebidas alcohólicas han venido siendo gravadas por el Estado hasta un grado suficiente para que ciertos sectores de la iniciativa privada se lanzaran al negocio de importación de bebidas fuertes, no por los canales legales o normales, sino que más bien al margen de la ley. El resultado de estas medidas ha sido que el Estado dejó de percibir ingresos por dichas importaciones, y la población hondureña siguió consumiendo dichos productos, lo que también implica que la actividad, aunque sea violatoria de la ley es aceptada por la sociedad hondureña o por lo menos en gran parte.

Los ejemplos de medidas que se tomaron para solucionar determinados problemas condujeron a situaciones que obviamente no se buscaban. Ningún profesional o técnico responsable pudo haber recomendado tales medidas para que resultaran, en el ejemplo del país sudamericano, que con el sueldo de un mes un funcionario público adquiriera un vehículo de verdadero lujo, o que el Estado hondureño dejara de percibir ciertas cantidades de ingresos por impuestos de importación o que el consumo de bebidas fuertes importadas siguiera su ritmo normal.

No obstante, esto, es obvio que existe una verdadera falla en las medidas recomendadas. Como cada medida se tiene que basar en una teoría, podemos concluir que el error se encuentra en las teorías usadas, o sea que las mismas no eran apropiadas para resolver los problemas que se pretendía resolver. Este tipo de situación es lo que hemos denominado: uso de teorías equivocadas. El término equivocado no es absoluto, pues una teoría puede ser eficiente en un lugar y desastrosa en otro.

Nuestro siguiente paso consiste en preguntarnos: ¿Por qué suceden tales fenómenos en ciertas sociedades? ¿Por qué sucede que acciones o medidas que tienen una orientación nacional y que claramente podían beneficiar a toda una sociedad a nivel nacional no benefician, sino que a unos pocos? La explicación del fenómeno es más compleja de lo que parece a simple vista; pues a veces un efecto se confunde con su causa o causas y son éstas las que debemos identificar para obtener explicaciones razonables. Es necesario desde luego tener alguna teoría que nos ayude a analizar los casos prácticos de proposición de medidas que tienden a solucionar determinados problemas, a fin de poder saber con anticipación razonable sus efectos deseables y no deseables. Haremos ese intento en los párrafos que siguen.

Las acciones o medidas que se toman para solucionar determinados problemas obviamente conllevan ciertos objetivos deseables. Existe por tanto un interés de que las mismas se realicen plenamente para lograr los objetivos perseguidos. Si un jefe de familia decide ahorrar para acumular suficiente para el pago de una prima sobre una casa de habitación, la medida tiene por objeto solucionar un problema de vivienda familiar y según el grado de interés que exista por solucionar el problema en ese grado se influirá en el ritmo a que se acumulará el ahorro para la prima. Este caso podríamos clasificarlo como un objetivo cuya consecución reviste un interés individual. Si una pequeña comunidad decide construir una escuela, el objetivo será solucionar un problema educacional y la acción implica un interés social de carácter local. Varias comunidades pueden unirse para desarrollar un proyecto conjunto. El proyecto puede consistir en la construcción de un colegio. En este caso habrá un interés regional que será la base para fijar el objetivo de construir la escuela. Por último, podemos pensar que un país decide construir una carretera, fundar un instituto tecnológico, o implantar un control de cambios exteriores. Estas acciones tendrán por objeto solucionar problemas de comunicación, de ingeniería y escase de divisas o cambio exterior. El interés que obliga a tomar tales medidas puede ser de orden nacional. Los cuatro ejemplos sobre intereses y objetivos que hemos seleccionado se refieren a intereses y objetivos individuales, locales, regionales y nacionales. Esta clasificación de los intereses existentes en una sociedad puede ser de suma utilidad para analizar recomendaciones de medidas o acciones que tiendan a solucionar problemas de orden nacional.

Los cuatro tipos de intereses que hemos clasificado se entrelazan, se traslapan, se identifican o entran en conflicto, en la vida diaria de la sociedad. Todo dependerá del tipo de problema que se trate de resolver. En los casos que hemos indicado: a) el individuo que ahorra para pagar la prima de su casa de habitación, el interés individual se identifica con todos los demás tipos de intereses; pues es deseable que el problema de vivienda se solucione tanto a nivel individual como local, regional o nacional; b) la construcción de la escuela es deseable a nivel local, regional y nacional; también lo es a nivel individual, pero en este caso puede haber conflictos ya que un fulano puede influir para que la construcción se haga en un terreno de su propiedad y lo mismo pueden hacer un sultano y un mengano; c) la construcción de un colegio para una región identifica por un lado los intereses locales, regionales y nacionales porque se trata de un proyecto que beneficia directamente a la región y sus comunidades y a nivel nacional se ayuda a solucionar un problema educacional también. Sin embargo, las comunidades presionarán porque el colegio se construya dentro de sus propios límites y, una vez que se define el lugar, dentro de este aparecerán en choque los intereses individuales por lograr la ubicación de la obra según los intereses de los participantes; d) La construcción de una carretera, fundación de un instituto tecnológico o la implantación de un control de cambios exteriores podrán tener un interés nacional, pero pronto entran en conflicto las regiones, comunidades e individuos disputándose el paso de la vía o la localización del instituto tecnológico. En el caso del control de cambios, en forma inmediata entra en conflicto el interés nacional con los intereses individuales. La batalla consiste en que la autoridad trata de ejecutar la medida bajo una orientación nacional, pero los intereses individuales pueden destruir tales esfuerzos y pronto aparece un mercado negro de cambios. Este fenómeno origina un efecto perverso que puede contaminar todo el sistema administrativo del control, tal como es el caso del país sudamericano arriba mencionado. Tanto los intereses individuales como los locales y regionales pueden viciar el interés nacional, pero es posible que el efecto más perverso sea el del interés individual.

Encontramos casos, como el de la distribución del crédito agrícola, que conduce a una situación que no es óptima para la sociedad y donde los intereses individuales, locales o regionales no han tenido influencia. Todo ha sido un error en la adopción de una teoría. Sin embargo, en cualquier caso, los resultados son desfavorables socialmente, y también está implicado siempre el uso de una teoría no adaptable, ineficiente o equivocada para el medio. Los cuatro tipos de intereses que existen en una sociedad, tal como los hemos indicado en los párrafos anteriores, quedan mejor definidos a medida que una sociedad avanza culturalmente. Entre más avanzada, más vigencia tendrán los intereses apuntados. Por ejemplo, en los países escandinavos, que pueden considerarse como de los más avanzados del mundo, estos intereses están completamente definidos y la sociedad y cada individuo los sigue y están convencidos de que actuar de esa forma es lo más conveniente para los intereses personales y de toda la sociedad. Lo mismo podemos decir de una sociedad como la suiza, donde los ciudadanos también toman muy en cuenta todas aquellas medidas de orientación nacional, regional o local y, dentro de estas categorías de intereses, el interés individual se mueve guardando siempre su debida dimensión para no viciarlos. Naturalmente, todos sabemos que el nivel cultural de estas sociedades es de los más altos del mundo y esa es la razón para que dichos intereses queden completamente definidos y sean cumplidos en general a cabalidad.

Por otra parte, en el grado en que una sociedad es atrasada, también en ese grado los intereses nacionales, regionales, locales e individuales quedan menos definidos, teniendo por supuesto más fuerza el interés individual, luego el local y, en su caso, el regional y finalmente el interés nacional. De hecho, el interés nacional solamente aparece plenamente en casos de extremas dificultades; un ejemplo sería el caso de la guerra con El Salvador que unió totalmente al pueblo hondureño. En tiempos normales el interés individual es tan fuerte que es capaz de deformar cualquier otro interés, ya sea el local, el regional o el nacional. Esto indica que una medida de carácter nacional y de orientación nacional pronto es deformada y aprovechada con ventaja por intereses personales, o sea, por intereses individuales. Un ejemplo, por supuesto, lo constituye el caso de las bebidas fuertes que ya antes hemos mencionado; también cabe el ejemplo que se refiere al mercado de dólares en el país sudamericano que también se ha mencionado arriba. En ambos casos las medidas eran de orientación nacional, pero al no estar bien definido el interés nacional, este se diluye y el resultado es que el interés individual saca todas las ventajas de una norma que se supone tiene orientación nacional. Todo ello conduce a situaciones anormales e inmorales. Así sucede que, basados en una medida de orientación nacional, unas pocas personas pueden enriquecerse fácilmente siempre que tengan el poder para hacerlo, lo cual casi siempre es posible.

La clasificación de intereses que hemos elaborado constituye una teoría que nos puede servir de base para resolver problemas de orden práctico. Naturalmente que dicha teoría es más aplicable entre más atrasada culturalmente es una sociedad. Supondremos, por tanto, en este caso, una sociedad muy atrasada en la cual se aplican medidas correctivas de fenómenos económicos, con una orientación nacional. Por tanto, si el fenómeno que se trata de corregir involucra fuertes intereses económicos, lo más seguro es que no funcionará, o sea, que la medida de orientación nacional prácticamente desaparecerá para beneficiar a individuos; o sea, que predominará el interés individual. Naturalmente, en un caso específico, para juzgar si una medida de carácter nacional dará o no resultados satisfactorios, es necesario tener una idea bastante aproximada del nivel cultural de la sociedad de que se trata, o sea, de su capacidad administrativa, niveles educacionales, tecnológicos y científicos, así como de los grandes problemas que conspiran para mantenerla en dicho estado o situación. Solamente si se tiene un conocimiento bastante detallado se puede estar en capacidad de juzgar si la medida podrá ser efectiva o degenerará hasta llegar al interés individual para beneficiar a unos pocos.

La teoría que hemos expuesto no es nueva en sus elementos y aparentemente existen indicios de que se ha usado en el pasado. Por ejemplo, varios profesionales economistas y no economistas critican al Banco Central de Honduras porque siempre ha defendido y aplicado una política de cambio externo libre. La razón parece ser que se ha estimado que, al implantar un control de cambios, se corría el riesgo de que dicha medida, siendo de orientación nacional, se convirtiera o terminara beneficiando solamente a unos pocos (desde luego, podríamos decir que la razón ha sido más bien que hemos seguido la teoría de la economía internacional que establece que el mundo puede beneficiarse en forma óptima si seguimos un intercambio internacional bajo un sistema de libre comercio y de pagos exteriores). La manera de manifestarse dicho fenómeno sería degenerando o eliminando el interés nacional mediante el aparecimiento del mercado negro de divisas, como ha sucedido en la experiencia de muchos países latinoamericanos. Aparentemente las autoridades de la banca central seguirán la misma línea en el futuro,

15

aun cuando ya hemos indicado que el país se encuentra frente a un agudo desequilibrio externo, lo cual se debe a que la implantación de controles cambiarios u otras medidas similares podría conducir a situaciones irregulares como la que hemos indicado.

El control de cambios, desde luego, teóricamente establece que puede ahorrar divisas que, a la vez, pueden utilizarse para el pago o el financiamiento del mismo desarrollo económico. Pero las premisas en que se basa esta teoría implican que se trata de una sociedad que cumple con los requisitos que el mismo control exige, o sea, que debe entenderse bien que se trata de una medida de orientación nacional que beneficia a toda la comunidad y que ese beneficio a la larga también se traducirá en beneficios individuales para todos los habitantes del país. Ya hemos indicado que esto es posible solamente en sociedades de un nivel cultural muy avanzado.

Por tanto, debemos precavernos de todas esas trampas que existen en el uso de teorías importadas. Por eso debemos insistir en que, en general, las teorías deben ser previamente elaboradas dentro de la sociedad misma a que se aplican; esto implica una enorme tarea no solo al nivel de profesionales economistas, sino de otras disciplinas también. Es una tarea de elaborar teorías basadas en nuestra propia realidad a fin de que las mismas no nos conduzcan a situaciones desfavorables o similares a las que hemos estado describiendo. Debe comprenderse que estas ideas no son realmente pesimismo, sino que se trata de un enfoque analítico o científico para no cometer errores. En realidad, un profesional que recomienda una medida y que la sigue en todos sus efectos y que comprueba sus errores, aun habiendo actuado de buena fe, no tiene mucha disculpa por su error, pues cuando se involucra a intereses sociales no se debe actuar en forma precipitada o inopinadamente, sino que todo debe ser previsto al máximo antes de que la medida sea tomada. Todo profesional responsable debería actuar en esta forma.

LOS TÉRMINOS DE INTERCAMBIO EN HONDURAS DE 1930 A 1960

Adolfo Aguilar[2]

Al hacerse evidente la importancia del comercio internacional en el desarrollo económico de las naciones, fue necesario conocer cuantitativamente la medida en que aquel favorece o deteriora la economía nacional. Expresado así, pareciera que en el intercambio unas naciones resultaran favorecidas y otras con pérdidas, pero es evidente que las ventajas de la división internacional del trabajo o especialización internacional, la transferencia o intercambio de tecnología y otros factores calificados, conllevan un mayor o menor beneficio para todas las naciones en sus relaciones de intercambio.

Los conceptos "términos de intercambio" y "capacidad para importar" han sido los más utilizados para determinar la medida de ese beneficio. El primer concepto ha sido usado desde hace mucho tiempo y expresa la relación entre las exportaciones e importaciones de un país respecto a un año base. Sobre esto dice Robert T. Brown: "La historia del uso del concepto 'términos de intercambio', que fundamentalmente es una relación entre los precios de exportaciones e importaciones, es casi tan antigua como la del comercio internacional", y para explicar que su aplicación no es todo lo precisa que se puede creer, agrega: "hace siglos que se viene utilizando este concepto en el análisis de problemas completamente diferentes; no es sorprendente esta variedad de usos, ya que términos de intercambio no es más que una definición y nada impide aplicar una definición a problemas disímiles".[3]

Es de suponer que la idea de cuantificar el beneficio (que no el bienestar) que reporta el intercambio comercial entre naciones surgió con el mercantilismo. Si la motivación básica de sus transacciones era la acumulación de metales, y consecuentemente la ventaja en el volumen y precio de sus exportaciones respecto a las importaciones,

---

[2] Economía Política año IV. No.10. enero, febrero, marzo 1965. pp. (22-35)

[3] Robert T. Brown, Los Términos de Intercambio ECONOMIA - Revista de la Facultad de Ciencias Económicas de la Universidad de Chile. - Año XVIII, No. 60-61-1958 - Páginas 105.

era necesario determinar numéricamente esa ventaja; y ya que en el caso de Inglaterra y Holanda no se podía establecer por simple diferencia, sino que había que tomar en cuenta los ingresos invisibles proporcionados por sus bien equipadas flotas de transporte, su determinación requería cálculos un poco más complicados.

Ricardo, Mill, Marshall y Edgeworth lo usaron para dividir las ventajas del comercio entre los países que en él participan. Uno de sus usos actuales es parecido y consiste en medir las variaciones en el ingreso real que reciben los factores de producción resultante de las variaciones en los términos de intercambio[4].

"Desde el momento en que se trata de economías que intercambian parte de su producción con otros países, los frutos del esfuerzo interno —tal como se reflejan en el producto bruto— pueden verse acrecentados o disminuidos en la medida en que se modifique la relación de precios bajo la cual tiene lugar ese intercambio. Así, por ejemplo, un aumento de los precios de las exportaciones en proporción mayor al que se registra en los precios de las importaciones se traducirá de hecho en un crecimiento de los ingresos totales percibidos por los factores productivos, aun cuando no variará el producto bruto. Del mismo modo, una modificación de precios del intercambio en sentido contrario significaría prácticamente una transferencia al exterior de parte de los frutos obtenidos mediante el esfuerzo interno en la producción de bienes y servicios".

Un concepto como el anterior no considera los efectos de la elasticidad de la demanda y de la oferta, que evidentemente influyen en el mecanismo de los precios, ya que si se dieran los supuestos clásicos de la competencia perfecta, de la movilidad y proporción constante de los factores de la producción, cualquier variación —por pequeña que fuere— en los precios determinaría grandes variaciones en la relación de cambio internacional; aunque como dice el profesor Charles Kindleberger, "las elasticidades de la demanda y de la oferta son difíciles de tratar en la práctica". Si se reduce la cantidad exportable de cualquier producto y aumenta su precio, el valor de las exportaciones se reducirá si la elasticidad de la demanda es alta, permanecerá igual si es unitaria y aumentará si es inelástica.

Si analizamos el caso de Latinoamérica y concretamente el caso de Honduras, nos encontramos con una serie de características especiales a este respecto. Nuestros países son fundamentalmente productores de materias primas y de bienes de consumo directo,

---

[4] CEPAL, Boletín Económico de América Latina, Vol. I, No. 2 - (Septiembre - 1956) P.33.

especialmente agrícolas. Por naturaleza, los productos agrícolas tienen una oferta y demanda inelásticas a corto plazo; hay que esperar por lo menos un año para hacer crecer la primera y los resultados mismos de la producción son imprevisibles debido a las variaciones estacionales, condiciones climatológicas, etc. Estando el principal producto de exportación de Honduras —el banano— en condiciones de monopolio, no se puede establecer claramente su comportamiento en nuestro comercio exterior sino en función de las áreas productoras; es decir, una mayor producción, disminución de costos, mejor calidad del producto en otro país determinaría un desplazamiento de las operaciones de la empresa monopolista hacia ese país. En lo que respecta a Honduras, se ha visto cómo las enfermedades del banano y la presión del sector trabajador por mejores condiciones provocó que las empresas buscaran otro país: el Ecuador, en el cual obtendrían mayores ventajas. Si este producto, esencial para nuestra economía, operara en condiciones de libre competencia con los demás países, cabría esperar mayores beneficios de su exportación mediante una política adecuada en la fijación de precios.

Es un hecho claro también que la aportación de Honduras al comercio mundial es minúscula y que nuestros precios de exportación se basan más en los precios comparativos de los mercados internacionales que en la contracción o expansión de la oferta de productos nacionales.

De hecho, por nuestra situación de país dependiente económicamente, el análisis de los términos de intercambio de Honduras debe basarse más en conocer el beneficio que nos reporta la división internacional del trabajo o especialización internacional —la exportación de productos primarios en relación a la importación de productos elaborados— que en hacer uso de todo el instrumental analítico creado por los economistas, que probablemente nos lleve a conclusiones erradas por su función de aplicabilidad en países más desarrollados.

Partimos del hecho real de que el comercio internacional implica el concepto de especialización internacional y que la combinación más adecuada de los factores de la producción conduce a una mayor producción a menor costo para beneficio del mundo en su conjunto y, en mayor o menor grado, de cada país en particular; es decir, que el concepto "términos de intercambio" no se refiere solo a la simple ventaja o desventaja que obtiene un país respecto a los demás en sus relaciones comerciales, sino que conlleva la mejor especialización de su producción y la distribución más eficiente de la producción mundial, objetivada en las mercancías que se intercambian.

Como se dijo al principio, medir todas las variables que intervienen en el comercio internacional no es factible desde un punto de vista práctico; es por ello por lo que, concretándonos al concepto expresado de términos de intercambio, lo definimos matemáticamente en la siguiente fórmula,

$$Tc = \frac{Px1}{Pm1} \div \frac{Px0}{Pm0}$$

en la cual "P" representa los precios; "X" las exportaciones; "M" las importaciones; "0" el año base y "1" el año cualquiera que se desea analizar.

La fórmula anterior representa lo que se llama "términos de intercambio neto" o "relación neta de intercambio", y como se puede ver es una relación esencialmente de precios: un incremento de este coeficiente indicaría que las importaciones se han abaratado en relación a las exportaciones; una baja del coeficiente, lo contrario[5].

Quiere decir, que la relación anterior no implica influencia en la balanza de pagos, pues "del hecho de que la relación real de intercambio haya mejorado no se puede saber si las exportaciones e importaciones permanecen equilibradas, o si se han exportado menos mercancías a cambio de la misma cantidad de importaciones; o si las exportaciones han superado las importaciones, pero que el superávit se haya invertido en el extranjero. Muy fácilmente podría ocurrir que estuviesen equilibradas en la actualidad y que hubiese un déficit en el período base". 4/

Para estar en capacidad de determinar los movimientos en la balanza de pagos, Taussig definió otro concepto: la "relación bruta de intercambio" o "términos de intercambio comercial bruto", que trata de determinar los cambios ocurridos en el volumen de comercio de un período dado en relación con el período base y se expresa por la fórmula en la cual "Q" significa cantidad. Si la balanza de pagos permanece en equilibrio al mejorar los términos de intercambio neto de 100 a 125, por ejemplo, entonces los términos de intercambio comercial bruto habrán disminuido numéricamente de 100 a 80. Esta disminución significa un movimiento favorable de la balanza de pagos, pues indica que se ha cambiado una cantidad menor de

[5] Guillermo Bueso. - El Comercio Exterior en el Desarrollo Económico de Honduras. - Términos de Intercambio. - Tegucigalpa-1957, página 6,

exportaciones por el mismo volumen de importaciones, o que por la misma cantidad de exportaciones se ha obtenido una cantidad mayor de importaciones, o que ocurren ambas cosas en menor medida.

Un concepto parecido al de la "relación neta de intercambio" es el que incluye los precios de servicios, que como seguros, transportes, etc., se comercian con el exterior, además de los precios de bienes exportados e importados; se le da el nombre de "términos de intercambio de bienes y servicios" o "términos de intercambio en cuenta corriente" (The Current Account Terms of Trade). Aunque su medición es difícil, este índice es más completo que aquel.

Otro concepto es el de "la relación simple factorial de intercambio", aplicable cuando la variación en los términos de intercambio de bienes se debe a una reducción en el costo real de las exportaciones, pues, aunque aquellos varían en dirección desfavorable, puede ser que el hecho no signifique una desventaja para el intercambio que realiza el país. Se refiere, pues, a un aumento en la productividad de los factores de producción de bienes para la exportación. Su fórmula matemática sería:

$$\frac{Qx1}{QM} \div \frac{Qx0}{Qm0}$$

En la cual Q significa cantidad. Si la balanza de pagos permanece en equilibrio al mejorar los términos de intercambio neto de 100 a 125, por ejemplo, entonces los términos de intercambio comercial bruto habrán disminuido numéricamente de 100 a 80. Esta disminución significa un movimiento favorable de la balanza de pagos, pues indica que se ha cambiado una cantidad menor de exportaciones por el mismo volumen de importaciones, o que por la misma cantidad de exportaciones se ha obtenido una cantidad mayor de importaciones, o que ocurren ambas cosas en menor medida.

Un concepto parecido al de la "relación neta de intercambio" es el que incluye los precios de servicios que, como seguros, transportes, etc., se comercian con el exterior, además de los precios de bienes exportados e importados; se le da el nombre de "términos de intercambio de bienes y servicios" o "términos de intercambio en cuenta corriente" (The Current Account Terms of Trade). Aunque su medición es difícil, este índice es más completo que aquel.

Otro concepto es el de "la relación simple factorial de intercambio", aplicable cuando la variación en los términos de intercambio de bienes se debe a una reducción en el costo real de las exportaciones, pues, aunque aquellos varían en dirección desfavorable, puede ser que el hecho no signifique una desventaja para el intercambio que realiza el país. Se refiere, pues, a un aumento en la productividad de los factores de producción de bienes para la exportación. Su fórmula matemática sería:

$$\frac{Px1}{Pm1} \div \frac{Px0}{Pm0} \times \frac{Fx0}{Fx1}$$

O sea, que habría que multiplicar los términos de intercambio neto por la razón $\frac{FX0}{Fx1}$, que es el valor recíproco del índice de costo de producir las exportaciones, expresado este costo como cantidad de factores utilizados por unidad de exportación. Claro que su medición es sumamente complicada por la gran cantidad de factores que intervienen en la producción: materias primas, mano de obra, equipo, innovaciones, etc.

Marshall y Edgeworth, al medir las exportaciones e importaciones de un país tomando en cuenta los factores que se usan al producirlos, utilizan un concepto relacionado con el anterior denominado "relación doble factorial de intercambio", en que además se considera la productividad de un país exportador; en sus bienes de exportación se considera el costo real de producir los bienes importados en su país de origen. Se expresaría por la fórmula:

$$TC.ff = \frac{\dfrac{PX1}{Pxo}}{\dfrac{PM1}{PMo}} \cdot \frac{\dfrac{FM1}{FM}}{\dfrac{FX1}{FXo}}$$

En la cual FM1 es el costo real para producir las exportaciones del país al cual importamos y FM0 el del período base.

El profesor Viner ha introducido tres conceptos más:

a) "El índice de las ventajas del intercambio", que se refiere al aumento en el volumen físico del comercio multiplicando Tc por la razón Q_1/Q_0, en la cual Q es la suma de exportaciones e importaciones.

b) "La relación del costo real de intercambio", multiplicando la relación simple factorial de intercambio (TC, F) por la razón RX_0/RX_1, que es el valor recíproco del índice de variación en la molestia o tedio por unidad de factores de producción al producir las exportaciones, y

c) "Relación de utilidad de intercambio", en que se utiliza tal cantidad de variables que su sola enumeración nos indica la imposibilidad de su medición.

En su tesis, el Lic. Guillermo Bueso habla de los términos de intercambio ingreso, que es el precio que el país puede pagar al extranjero por importaciones, o sea su "capacidad para importar"; es "un concepto combinado de efecto de cambios en los precios y de cambio en el volumen de las exportaciones"[6], y se expresa así: PX/PM · QX, donde "PX" es el índice de precios para exportaciones; "PM" el de las importaciones y "QX" la cantidad de exportaciones del período dado.

El mismo uso de índices ya nos indica la complejidad y posible deformación de las causas que determinan cambios en los términos de intercambio; la elección de un año base típico es otro problema. Partimos del hecho de que cualquier valor por encima de 100 es favorable para el país respecto al año base, pero un ejemplo demostrará que el simple cambio del año base haría cambiar ese concepto. Veamos dos cálculos de los términos de intercambio de Latinoamérica, utilizando 1937 en un caso y 1938 en el otro como año base[7].

Tabla # 1

Año	Tc (Base 1937)	Tc (Base 1938)
1925	101.4	120.3
1927	101.4	120.4
1929	96.7	114.8
1931	64.8	77.1
1933	72.3	85.8
1935	84.3	100.1
1937	100	118.8
1938	84.7	100
1939	82.3	97.7
1941	79.8	94.8
1943	80.9	96.1
1945	80.1	95.1
1947	113.9	135.2
1949	110.9	131.7

[6] Guillermo Bueso. - Óp., cit. página 9
[7] Robert T. Brown. - Óp. cit. página 117

23

En el primer caso, solamente cuatro años superan el año base; en el segundo lo superan siete. Ahora bien, la tendencia o relación de año con año no se altera, como se podría comprobar mediante una gráfica de ambas series, en la que lo único que se alteraría sería la distancia de los diferentes puntos a los ejes de coordenadas.

La importancia que las exportaciones representan para Honduras lo demuestra el hecho de que han significado arriba del 20% del Ingreso Nacional, y ha habido años como en 1948 en que el porcentaje ha sido de casi 40%.

Las exportaciones de Honduras se concentran principalmente en los siguientes productos: bananos, café, madera, algodón, ganado y minerales, como se ve en la tabla N.º 2 de la siguiente página.

Vemos cómo las exportaciones de nuestro país son esencialmente de productos primarios, y que alrededor del 50% están constituidas por un solo producto: el banano. Este último, como sabemos, es monopolio de compañías norteamericanas; lógicamente el beneficio que reporta al país es inferior a la importancia relativa que tiene en el rubro de las exportaciones.

Además, el hecho de ser un monopolio internacional implica que no puede haber fluctuaciones de precios para ese producto, e históricamente se puede comprobar que no los ha habido. Obedece a la ley económica que, en lo que se refiere a los monopolios, dice que "los precios los pone el productor". La misma calidad de monopolio y la importancia que ha tenido en la economía del país ha provocado serios problemas a la balanza de pagos de Honduras, con el desplazamiento de su producción a otras áreas como Ecuador.

Otros productos han ido adquiriendo paulatinamente importancia, tales como el café, maderas y ganado. En el caso del café, aunque su producción es libre, su comercialización ha sido objeto de acaparamiento por parte de algunas empresas nacionales y extranjeras, quienes mediante un estrangulamiento del financiamiento para los pequeños productores logran obtener casi todo el producto y toda la comercialización en el mercado internacional; se puede afirmar que sus precios son relativamente estables por el sistema de cuotas establecido por acuerdos internacionales.

Es necesario hacer hincapié en el hecho de que nuestras exportaciones son netamente de productos alimenticios y materias primas e importación de artículos manufacturados, lo que nos lleva a afirmar que, en líneas generales, y adoptando la hipótesis del Dr. Raúl Prebisch sobre la tendencia a largo plazo de los términos de intercambio, en Honduras tienden a hacerse desfavorables debido a esa situación de productor de artículos primarios.

Más aún, en el comercio Inter centroamericano existe la misma situación de nuestro país respecto a los demás del área.

André Philip, en su intervención en nombre de la delegación francesa en la Conferencia de las Naciones Unidas sobre el Comercio y la Industria, el 22 de abril de 1964, expone: "Ya no estamos en el siglo XIX, época en la que se creía en la existencia de mercado libre mundial y en la que parecía que la supresión de obstáculos al comercio y la generalización del libre cambio debía dar solución a todos los problemas. De hecho, nunca ha habido mercado libre mundial".

Esto indica que no podemos aplicar taxativamente los principios económicos a nuestra realidad económica, sino en la medida en que la economía hondureña es dependiente de su producción primaria y de mercados limitados.

Composición de las Exportaciones Hondureñas
(por cientos)
1948-1962
1960=100

Año	Bananos	Café	Maderas	Ganado	Plata	Algodón	Otros Productos
1948	74.1	3.8	3.1	1.9	4.9		12.2
1949	71.7	8.2	4.5	2	4.7		8.9
1950	69.9	9.9	4.4	2.3	4.7		8.8
1951	66.2	13.6	5.1	2.4	4.1		8.6
1952	73.2	15.1	5.8	2.5	4.4		7
1953	60.8	17.9	5.3	2.5	7.3		6.2
1954	51.9	26	6	3	5.2		7.9
1955	48	22	10.6	3.6	6.4		9.4
1956	60.7	18.5	6.5	3.1	2.4		8.8
1957	52.8	18.8	12.2	4.1	2.1		10
1958	54.7	15.9	9.5	3.7	2.4	3.7	10.1
1959	47.7	17.5	12.2	4.5	2.3	3.8	12
1960	46.1	18.9	13.2	5.7	2.7	1	12.4
1961	54.6	12.5	10.4	6.3	3	0.4	12.8
1962	45.5	14.8	9.3	7.6	2.9	1.4	18.5

Fuentes: Guillermo Bueso. - Óp. cit. pág. 13.
Dirección General de Estadística y Censos. - Comercio Exterior de Honduras
1956-1962

Los términos de intercambio de Honduras 1930-1960

Tenemos en la Tabla No. 3 los índices de importación, exportación y los correspondientes índices de los términos de intercambio durante los años que van de 1930 a 1960. En ella se pueden ver algunas de las vicisitudes por qué ha pasado la economía del país durante esos años.

En términos generales se puede decir que los cambios en los términos de intercambio de nuestro país no acusan fuertes variaciones como en los demás países de Latinoamérica, como se puede colegir haciendo la comparación con la tabla No. 1. Esta estabilidad es atribuible a la dependencia de nuestro comercio de exportación de un solo producto: el banano, que como antes hemos indicado, tiene un precio equilibrado debido a su calidad de monopolio. "Debe hacerse notar que la relación de intercambio de un artículo producido en condiciones de monopolio tiene muy poco significado como indicador del bienestar económico de los países hispanoamericanos donde se produce, a menos

26

que exista un convenio especial entre gobierno y productores; estos países no se ven afectados por las variaciones de precios en el mercado mundial. Las utilidades o las pérdidas son aprovechadas o absorbidas respectivamente por las compañías extranjeras, cuyos desembolsos dentro del país varían tan sólo de acuerdo a la escala de producción e inversión"[8].

En un primer período que abarca de 1930 al inicio de la Segunda Guerra Mundial, o sea, por el año de 1939, se puede ver un marcado descenso de los índices de precios, tanto de importación como de exportación. Esto quizás es debido a los efectos de la gran depresión en nuestro mercado tradicional, los Estados Unidos, ocurrida a principios de la década. Otra razón que influyó fueron las primeras plagas que empezaron a hacer destrozos en las fincas bananeras.

Este problema continuó hasta mediados de la década de 1940-1950. Claro que esto provocó a su vez una disminución de la oferta, con el consiguiente aumento del precio. En un segundo período que corresponde a los años 1940-1948, tenemos un alza continuada de los índices de precios de importación y exportación, principalmente de estos últimos, que en 1942 saltan hacia arriba impulsados por una reducción en la oferta debida a las dificultades del transporte en esos años de contienda, provocando el índice de términos de intercambio más alto de todos los años observados: 147.1. En todo el período, los términos se mantienen alrededor de 100, siempre bajo la influencia de los precios del banano.

A partir de este año, y en un período que podríamos llevar desde 1949 hasta 1960, se introduce como factor preponderante en el comercio de exportación el café, que en el año 1954 llega a constituir la cuarta parte de nuestras exportaciones y que junto con la madera y el ganado vienen a ser determinantes del comportamiento de los términos de intercambio de Honduras. Esto lo comprueba el hecho de que aquellos vienen a coincidir en líneas generales con los términos de intercambio latinoamericanos, como se puede comprobar haciendo una comparación entre la Tabla No. 3 y la No. 4, que, aunque en distinta base, muestran una tendencia parecida (véase si no el año 1954, que en ambos casos es el más alto de este período, y 1959 y 1960, los más bajos).

En la misma Tabla No. 3 se puede observar que en este último período hay una fuerte tendencia al aumento de nuestra capacidad para importar, con un decaimiento en los años 1954 y 1955, producido por efecto de las huelgas obreras de la Costa Norte y por la situación política conflictiva de esos años.

---

[8] O.E.A. cit. por Lic. Guillermo Bueso, Óp. cit. página 17.

El Lic. Guillermo Bueso hace un intento de cuantificar los términos de intercambio en cuenta corriente, que es un concepto superior, ya que además de incluir las mercaderías y los servicios, están influidos por los invisibles como fletes, utilidades remitidas al exterior en países donde hay inversiones extranjeras, etc.

"Honduras ha tenido una balanza comercial tradicionalmente favorable, pero debido a los pagos por fletes y utilidades remitidas al exterior, la balanza de pagos en cuenta corriente también tradicionalmente ha tenido un saldo negativo"[9].

Conclusiones

Hemos visto cómo, en el período anterior a 1949, los términos de intercambio de Honduras han tenido una tendencia diferente a la de los demás países de Latinoamérica, ocasionada por la influencia del monocultivo en condiciones de monopolio. El costo creciente de la producción de bananos (combate de enfermedades, lucha de los trabajadores por mejores salarios, etc.) paradójicamente ha fortalecido la capacidad de importar de nuestro país.

En los años posteriores, la acción de nuevos productos de exportación ha proporcionado mayor estabilidad a los términos de intercambio de Honduras y una tendencia similar a la de los demás países de Latinoamérica, lo cual nos lleva a concluir que la diversificación en la producción es factor importantísimo de la estabilidad económica de nuestro país, y que seguramente la producción de manufacturas en las cuales pudiéramos utilizar racionalmente el excedente agrícola (base fundamental de nuestra economía) y los recursos de que disponemos, proporcionaría sustitución de importaciones por un lado y, por otro, mayor estabilidad a los términos de intercambio de Honduras y un aprovechamiento mayor del beneficio del comercio exterior en el desarrollo económico del país.

---

[9] Guillermo Bueso, Óp. cit. Página 24.

Tabla # 3
1948=100
Los Términos de Intercambio de Honduras de 1930 a 1960

Año	Exporta. Merc. y Serv.	Índice Precios Importa. (CIF)	Exporta. como Valor capacidad Importar	Menos Exportación Quantum	Efecto Término de Intercambio	Índice Precios de Exportación	Índice Términos de Intercambio
1930	72.3	56.7	127.5	155.9	-28.4	46.4	81.8
1931	66.5	48.7	136.5	172.7	-36.2	38.5	79.1
1932	57.2	43.7	130.9	145.6	-14.7	39.3	89.9
1933	60.6	44	137.7	120.4	16.9	50.3	114.3
1934	61.6	49	125.7	109	16.7	56.5	115.3
1935	49.5	50.2	98.6	83.6	15	59.5	118.8
1936	47.5	51.4	92.4	83.6	8.8	56.8	110.5
1937	38.7	54.8	70.6	70.9	-0.3	54.6	99.6
1938	41.2	50.9	80.9	75.8	5.1	54.3	106.7
1939	47.4	51.9	91.3	81.2	10.1	58.4	112.7
1940	53.3	54.2	98.3	93.7	4.6	56.9	105
1941	50.3	59	85.3	83.6	1.7	60.2	102.1
1942	49.6	69.7	71.2	48.4	22.8	102.5	147.1
1943	42.5	71.7	59.3	51.4	7.9	82.7	97.3
1944	54.8	74.3	73.8	75.7	-1.9	72.4	97.4
1945	66.3	78.6	84.4	90.4	-6	73.3	93.3
1946	80.8	85.4	94.6	102.4	-7.8	78.9	92.4
1947	107.7	98.2	109.7	113.3	-3.6	95.1	96.9
1948	116.1	100	116.1	116.1	0	100	100
1949	118.5	97.6	121.4	107.5	13.9	110	112.7
1950	124.2	99.8	124.4	108.1	16.3	114.9	115
1951	149.9	108.7	131.5	116	15.5	110.2	101.5
1952	138.9	107.3	129.5	110.7	18.8	125.5	117
1953	148.7	106.4	139.8	113.9	25.9	130.6	122.7
1954	119.5	107.7	110.9	86.3	24.6	138.5	128.6
1955	113	108.1	104.5	85.5	19	132.2	122.3
1956	156.9	117.2	133.9	110	23.9	142.6	121.7
1957	138.1	120.7	114.4	106.5	7.9	129.7	107.5
1958	149.6	122	122.6	116	6.6	129	105.7
1959	147.7	120.2	122.9	123.1	-0.2	120	99.2
1960	136.1	122.2	111.4	113.6	-2.2	119.8	98

Tabla # 4

América Latina: Índices Anuales de Términos de Intercambio

1950-1963

1960=100

Año	Valor Unitario de Importaciones	Valor Unitario de Exportaciones	Términos de Intercambio
1950	90	110	124
1951	103	127	125
1952	107	121	115
1953	102	119	118
1954	97	125	130
1955	99	117	120
1956	101	117	116
1957	104	113	109
1958	102	105	104
1959	102	100	99
1960	100	100	100
1961	100	99	100
1962	99	99	98
1963[1]	98	100	102

1 Estimaciones preliminares

Fuente: Fondo Monetario Internacional, "International Financial Statistics" Varias
entregas, y Naciones Unidas, "Monthly Bulletin of Statistics". Varias
entregas.

Tabla # 5
Honduras: Términos de Intercambio en Cuenta Corriente 1925-1956
(1948=100)

Año	Créditos	Débitos	Términos Intercambio
1925	64.6	106.3	60.7
1926	63.1	87.2	72.4
1927	59.6	99.5	59.9
1928	57.7	111.7	51.7
1929	56.4	80	70.5
1930	49.8	71	70.1
1931	41.9	56.7	73.9
1932	39.7	58.4	68
1933	47.9	62.5	76.6
1934	53.2	70.2	75.8
1935	53	51.3	103.3
1936	53.3	45.6	116.9
1937	51.4	35.6	144.4
1938	50.7	45.2	112.2
1939	54.1	58.7	92.2
1940	54.1	81	66.8
1941	58	51.6	112.4
1942	101.2	65.5	154.5
1943	82.9	50.9	162.9
1944	70.8	66.5	106.5
1945	72.6	80.6	90.1
1946	78.7	89.7	87.7
1947	94.8	107.7	88
1948	100	100	100
1949	112.1	84.6	132.5
1950	119.8	91.9	130.4
1951	127.2	93.1	136.7
1952	132.2	81.3	162.6
1953	135.5	77	176
1954	140.6	70.2	200.3
1955	132.5	80.6	164.4
1956	140.6	91.5	153.7

INDUSTRIAS NACIONALES

Luis Martínez Figueroa[10]

Cómo trabajan los extranjeros

Dijo, cierta vez, un europeo: «Si no fuera porque los extranjeros venimos a establecer industrias en Honduras, los obreros de este país ya habrían muerto de hambre».

Estas palabras, que andan tan cerca de la verdad como de la injuria, nos dolieron como si hubiesen sido latigazos en el rostro, y desde entonces nos formamos el propósito de influir en el ánimo de nuestros compatriotas, hasta lograr despertarles el espíritu industrial y emprendedor.

Verdaderamente, los hondureños tenemos establecidas muy pocas industrias. En este campo, apenas nos queda el gusto de ver cómo arriban a nuestra tierra extranjeros de todas partes del mundo, muchas veces sin un centavo en los bolsillos, y en pocos días llegan a disfrutar de todas las comodidades que presta el dinero.

Lo más curioso de todo es que estos señores vienen y se enriquecen explotando cosas que a nosotros ni siquiera nos habían llamado la atención, y que estaban sumamente fáciles de beneficiar.

Nadie crea que al exponer los conceptos anteriores es porque queremos hacer campaña en contra de los extranjeros. Al contrario, sentimos especial admiración por muchos de ellos que vienen a enseñarnos con el ejemplo a trabajar y a pensar, a utilizar las cosas que la naturaleza nos ha dado.

Muchas personas quisieran invertir sus capitales en empresas originales, que por lo mismo estuvieran libres de la competencia de otras similares; pero, por lo común, no las encuentran. Las ideas nuevas necesitan largo tiempo para cristalizar, y son escasas.

¿Quién que está en la pobreza no quisiera mejorar su posición económica? Todo el mundo pasa cavilando, «dándole vueltas a la

---

[10] Varios escritos de la Asociación Nacional de Cronistas publicados durante el año 1939, año II, 30 junio No. IX. pp (4 y 25), 30 septiembre No. XII. pp 24, octubre. pp (6 y 26) y 30 noviembre No XIV. pp (6 y 28)

imaginación», pero son muy pocos aquellos que logran resolver sus problemas de dinero de una manera medianamente satisfactoria.

Por todo esto, y deseando contribuir en forma efectiva al bienestar general, ANC ha creado esta Sección de Industrias Nacionales.

Para todos, ricos que buscan en qué invertir sus capitales y pobres que quieren trabajar para romper las cadenas de su miseria, tendremos ideas oportunas en estas páginas. Ojalá que ellas sean puestas en práctica por nuestros lectores, demostrando así que los hondureños también somos capaces de desarrollar, con nuestra propia inteligencia y nuestro propio trabajo, la riqueza nacional.

Casas cómodas

Pero si de algo estamos necesitados en la actualidad, es de viviendas higiénicas, en donde los habitantes puedan reparar sus energías y mantener la claridad de mente necesaria para estudiar y meditar.

Las casas de la clase baja están muy lejos de llenar esa finalidad. Se les llama así por costumbre de apellidar «casa» a toda estructura en donde vive una familia.

Dichas viviendas son sucias, feas, mal ventiladas y llenas de bichos de todas clases.

La necesidad de enseñarle a la gente pobre el arte de construir casas higiénicas, es ya inaplazable. Esta es la primera industria que esos individuos deben desarrollar, porque de ella depende la utilización eficiente de la más valiosa materia prima que tiene la patria: sus hombres.

Y júzguese la razón de nuestras palabras al considerar que las chozas de nuestros campesinos son de una sola pieza, la cual sirve de cocina, comedor, sala, dormitorio de toda la familia y a veces ocurre que duermen también allí los perros y gatos, los marranos y también las gallinas.

Sin pretender que hemos resuelto el problema de las casas baratas e higiénicas en el campo, ofrecemos el plano de la figura como una sugerencia de lo que podrían ser las casas de nuestras gentes pobres, toda vez que ellos mismos hicieran un esfuerzo por mejorar sus condiciones de vida.

Como lo indica el grabado, los dormitorios deben tener, en lo posible, puertas al oriente a fin de que reciban el sol de la mañana, que es muy saludable.

El plano muestra dos dormitorios, uno para varones y otro para mujeres, procurando suprimir con ello la costumbre de dormir toda la familia reunida en la misma pieza.

El corredor, grande, puede servir también de comedor y para reuniones familiares.

En los pueblos, aldeas y caseríos, los maestros de escuela deberían tener, como una de sus principales atribuciones, visitar los hogares de las gentes y darles instrucciones sobre el aseo y disposición de la casa y sobre ciertos preceptos de higiene elemental.

O bien, en vez de «día de rancho», en rancho, podrían provocar juntas de padres y madres de familia para instruirlos en los puntos señalados. De esta manera se vendría a levantar la condición del pueblo por los barrios que, en realidad, no andan muy bien.

Gran papel de la mujer en la industrialización hondureña

Quizá muchas de nuestras mujeres no hayan sospechado el valor que ellas tienen y la misión que deben cumplir en todas las manifestaciones del progreso nacional.

Hablando con toda franqueza, gran parte de las acciones de los hombres son realizadas sólo en atención a la importancia que puedan tener ante los ojos de la mujer amada, presente o posible. De ahí que toda empresa que apoye la mujer será vigorosamente emprendida por el hombre.

Las industrias en Honduras no han sido apreciadas por el bello sexo en toda la importancia que tienen, y, lo que es peor, muchas veces nuestras damas han despreciado a los hombres que trabajan con las manos.

Un ejemplo clásico de ello nos lo presenta el conocido juguete cómico de Alonso A. Brito, titulado «UN CABALLERO DE INDUSTRIA», en el cual, una joven capitalina, apoyada por su mamá, despide a su novio, de oficio zapatero, con el objeto de unirse a uno que traía todos los títulos habidos y por haber en el mundo, y que a fin de cuentas resultó ser un truhan de siete suelas, que la dejó con un palmo de narices y un hijito en embrión.

A fin de que hagamos progresar nuestra República hasta ponerla al nivel de las grandes naciones civilizadas, es necesario que la mujer colabore decididamente en esta cruzada del trabajo; haciéndose partidaria incondicional de los hombres que, con el esfuerzo de su músculo y de su cerebro, transforman las materias primas en artículos de utilidad general.

Nuestras compañeras no deben quedarse al margen de un movimiento económicamente libertador, ya que ellas como nosotras y como nuestros hijos, sufren todas las consecuencias del hambre, de la tristeza, de las enfermedades, de la ignorancia y de todo el cúmulo de calamidades que trae la miseria.

La pareja moderna en Honduras será la pareja industrial, aquella en la cual el padre y la madre exploten alguna empresa nueva, y eduquen sus hijos en un ambiente de trabajo y de inteligente investigación científica.

Y el héroe moderno, el que debe vivir como un ideal en el corazón y en la mente de todas las muchachas de Honduras, es el investigador, el hombre sabio y laborioso que encuentra aplicación útil para todo, que tiene una solución para cada problema y un minuto para trabajar por el engrandecimiento y bienestar de cada compatriota. Entonces, la mujer tendrá la cabeza en este siglo, y el espíritu lleno con el amor de su tierra.

La revolución económica invade el campo de los profesionales

Las ideas industriales se están propagando en Honduras, como el fuego en un reguero de pólvora.

Dos descubrimientos trascendentales han contribuido a levantar los espíritus hacia el trabajo. Estos descubrimientos son: Primero, que los hondureños somos una raza tan fuerte y tan inteligente como cualquier otra. Segundo, que las fuerzas naturales obedecen también a los indios de Hibueras, y no solamente a hombres de origen alemán, como se creyó en otros tiempos.

El resultado de ello ha sido un formidable movimiento envolvente hacia la acción.

Así vemos en todas partes las tentativas de fabricar cosas. Pequeñas industrias primero; luego vendrán las grandes. Poco a poco desaparecerán los "leones dorados" hasta que la marea de los nuevos talleres absorba casi todo el dinero, y nos convenzamos de que es mejor invertir en empresas de nuestra gente que prestarlo al interés, sobre hipotecas.

Lo que sucede a los grandes fabricantes encuentran dificultades al principio, ya que han debido ver la competencia de la maquinaria extranjera, la falta de capital y de crédito particular y, además, el prejuicio de muchas personas, las cuales, que siguen creyendo ingenuamente que todo lo de adentro no puede ser bueno.

Sin embargo, como toda función tiende a crear su órgano, también en este caso el problema se ha simplificado; no porque hayan aumentado las ventas, o la de establecimiento de un centro comercial económico, situado en la capital, que tiene como principal objeto servir de intermediario entre los productores criollos y el público.

La mencionada cooperativa está establecida en el sistema de fijación de alimento; con un valor determinado, de que se pagan por cuotas semanales, y en ocasiones también semanales.

La organización perfecta de sus fundadores hace día a esta "Alimentadora" y les energía desplegada, han de trabajo por los mismos. han hecho que el negocio resulté un verdadero triunfo. Y al crédito que en pocos días ha consolidado este establea suficiente, en seguridad para nuestros noveles fabricantes de que venderán sus productos. De esta manera no tendrán que preocuparse de vender, trabajar, dejando que la Alimentadora haga lo demás.

Compatriota

Usted, hoy tal vez arruinado, puede llegar a ser, andando el tiempo, un gran empresario; Tome en serio estas palabras y no deje, por favor, que los extranjeros se adueñen de todo lo que tenemos de valioso.

Ya estamos grandecitos, y es hora de tomar posesión de lo que es nuestro.

Tan pronto como aparezca una idea, tómela y explótela. Contribuya a engrandecer la patria, beneficiándose usted y beneficiando a los suyos.

Hacen falta libros de texto hondureños

Es claro que no debemos enseñar industrias sino para los trabajadores manuales. Pero lo que sigue es muy bueno para lo que se debe enseñar al cultivo de las ideas: ESCRIBIR LIBROS DE TEXTO PARA LOS INSTITUTOS Y ESCUELAS UNIVERSITARIAS DE LA REPÚBLICA, APLICANDO LOS CONOCIMIENTOS CIENTÍFICOS A NUESTRA REALIDAD.

Es preciso rodear al alumno y a toda ciudadanía también de un ambiente científico nacional. Y urge sobre todo que los catedráticos estudien todos los materiales que disponemos y expliquen para qué sirven y cómo podemos utilizarlos. Esto equivale a que la Universidad se ponga a la cabeza del nuevo movimiento industrial, como   es   su   deber.
El extranjerismo y el sentimiento de auto inferioridad que señalamos al principio de este trabajo, empieza uno a respirarlo en gran escala en las escuelas. Lo primero que se nota es que muy pocos libros de

los colegios de la República son de autores nacionales. Insensiblemente, se forma una idea de que la ciencia es de España, de México, de Cuba, de Francia, etc., menos de Honduras.

El que estas líneas escribe, creyó una vez, en los años de secundaria, que los experimentos de su clase de Química de Langlebert no le iban a dar resultado a el... por ser hondureño. Cosas parecidas han pensado muchos y lo más grave de todo es que las siguen creyendo.

¿Cuántos hombres pueden hacer progresar una región?

Se tiene averiguado que el gran progreso de los Estados Unidos no se debe a la gran masa de pobladores. En numerosos casos han sido uno o dos individuos los que han hecho florecer toda una comarca por medio de sus ideas industriales luminosas.

Así esperamos ver surgir de cada pueblo de nuestra patria ese uno o esos dos hombres que respondan por la industrialización de su zona respectiva. y de todas esas poblaciones y campos dichos· formarse una gran nación· que desmienta con hechos las afirmaciones de quienes han puesto a los latinoamericanos en la escala de las razas inferiores.

No se trata de una cosa imposible. Sucedió esta ascensión humana en los Estados Unidos, sucederá en Honduras, LO QUE UN HOMBRE HA HECHO, OTRO HOMBRE LO PUEDE HACER.

DESARROLLO INDUSTRIAL:
ORDEN DEL DÍA EN UN QUINTO PISO

Sergio E. Honorato[11]

"Honduras ha sido siempre una de las áreas menos desarrolladas en el hemisferio occidental; bendecida con abundancia de recursos naturales, un clima ideal y el segundo en área en Centroamérica; esta está próxima a cambiar. La combinación de una actitud favorable a las inversiones ha puesto a Honduras en camino de avance. Para el inversionista ofrece la rara oportunidad de comenzar desde un principio". Es la nota en la portada de un «Estudio de Referencia», hecho por la *Industrial Development Manufacturers Record*; en páginas interiores hay frases típicamente claves para el inversionista americano, capaces de despertar su interés, o por lo menos su curiosidad: «*Honduras is on the move*»; «*Here lies the sleeping giant of Central America*».

En realidad, hay algo que se siente en la atmósfera; ese moverse hacia una expansión industrial; esa fuerza dormida que comienza a despertarse. Bohemia llegó hasta el Banco Nacional de Fomento para ver qué es lo que hace ese organismo a cuyo cargo corre la sincronización, aceleración y vigilancia de ese crecimiento.

Fiebre en el quinto piso. Ocho pisos de moderna estructura cortan el paisaje apacible de Comayagüela, la ciudad gemela de Tegucigalpa; en el quinto piso, mirando tanto hacia las colinas hasta las que llega Comayagüela, como a las que ya comienzan a sentir el peso de una población que espera (por el lado de Tegucigalpa), la División de Desarrollo Industrial es el centro nervioso de esa específica actividad.

Creada hace apenas un año, debe responder a principios no siempre fáciles de cumplir, tales como alcanzar nivel nacional; responsabilizarse por la promoción industrial oficial; descubrir, analizar y solucionar los impedimentos para un mejor clima inversionista; detectar oportunidades específicas de inversión; preparar estudios preliminares (incluida toda labor promocional); dar

---

[11] Publicado en la Revista Extra, Año I, octubre 1965, No 3.

asistencia a inversionistas nacionales o extranjeros y aún, establecer los contactos necesarios para el financiamiento, ya sea por intermedio del mismo Banco; inversionistas del medio o bien otros organismos internacionales.

El hombre frente al timón. El timonel de la oficina, Lic. Guillermo Medina Santos, define en tres frases lo que, para ellos, es la piedra angular: "Nuestra primera labor es dar la bienvenida a todos los inversionistas y brindarles, tanto a los nacionales, centroamericanos o a los que vengan de fuera de la zona, los servicios y las informaciones que les ayuden a tomar sus decisiones de llevar a cabo sus proyectos en el país".

La posición geográfica de Honduras es carta de triunfo para la promotora División, "localizada estratégicamente entre los que forman parte de la Integración Económica Centroamericana", es decir, miran sus costas que se abren a cada lado del continente y, hacia el norte, la realización de tantos esfuerzos en el complejo industrial que hace crecer a San Pedro Sula con vertiginosidad, hasta hace poco, desconocida en Honduras.

No resulta fácil seguir el pensamiento del Lic. Medina Santos; como un prestidigitador, va sacando proyectos de sus carpetas: "¿Y qué me dice de las potencialidades turísticas? Hay millas y millas de playas de arenas blancas en la costa norte; las islas de la Bahía, etc. ¿Tiene razón el «Reference Study», recuerda? al decir que Honduras está madura (exactamente «ripe», decía el comentarista) para el turismo".

Piénsese un momento y luego sigue sin mayor transición: "Tenemos en proyecto los primeros hoteles que, para un hotel de primera categoría, aquí en la capital; es un proyecto estimado en un millón de dólares; canchas de tenis, piscina, salones de conferencias; todo ello en un marco de jardines y parques con nuestra vegetación exuberante. Es el punto de partida para la formación de una cadena de hoteles turísticos en las diversas zonas del país".

En verdad los proyectos, que despliega uno a uno, son de gran belleza, algunos de audaz realización. Frente a uno, especialmente simbólico: se ubica en una quebrada cuyas faldas se remontan anhelando hacia la hondura donde se ubican las dependencias comunes; aulas, piscina, miradores, comedores, etc., se detiene y comenta: "tendríamos que encontrar el tipo justo, pero valdría la pena".

Un técnico trae una carpeta y explica. Se trata de una de las realizaciones ya en marcha; una fábrica de hilados en San Pedro Sula que no fue creación de la División pero que, gracias a los estudios y a los financiamientos aconsejados por la División, ha ampliado sus instalaciones aumentando su capacidad de producción en un 250%. Especializada en tejidos bordados —con una calidad de manufactura tan buena como la Suiza, al decir de los propios técnicos de aquel país— surte en la actualidad el Mercado Común Centroamericano.

10 Razones. —Creo —dice el Lic. Medina— que hay un decálogo de razones por las cuales los inversionistas deben empezar a pensar en Honduras.

— Posición estratégica en el Mercado Común Centroamericano.
— Un proyecto hidroeléctrico que ya ha pasado su primera etapa.
— Mano de obra abundante, cooperativa y fácilmente adaptable.
— Proyecto de red caminera ya en marcha y a nivel nacional.
— Puertos en ambas costas, al que hay que agregar el proyecto de otro en la zona sur.
— Estabilidad monetaria comprobada por más de 40 años.
— Tradición en respeto a la propiedad, tanto nacional como extranjera.
— Programa de aumento de las áreas de producción agrícola y ganadera.
— Servicio de asistencia técnica a los inversionistas en colaboración con organismos internacionales.
— Leyes y reglamentaciones razonables en la zona comercial e industrial.

"El resto, está sólo de abrir nuevos horizontes; nosotros debemos comenzar a ayudar".

Una balanza de vida del año muestra "las inversiones que ha logrado invertir a los más de 200 trabajadores en 20 proyectos terminados en el año industrial. Siete en la producción alimenticia; dos en artículos plásticos; 4 en textiles y confección; uno en la industria papelera, etc. y otros en la industria del calzado y similares y tres en gomas sintéticas".

Oportunidades. —Para consumo de inversionistas, la cartera pública incluye un muestrario de "oportunidades de inversión en Honduras"; 79 en total; para cuya extensa reserva en materia prima el país está preparado: hierro en cantidades en Lepaguare; siderrito en el mismo sitio; minerales de oro, plomo, cinc, estuco, granito, jade; maderas duras de todo tipo; textiles y productos comerciales primarios manufacturables incluso algodón; molinos para granos y forraje; ingenios; refinerías; aceites comestibles; etc.

41

LA REVOLUCIÓN TECNOLÓGICA Y EL DESARROLLO

Dr. Humberto López Villamil[12]

Naciones Unidas ha entrado en una nueva fase al haber terminado el III Periodo de la Junta de Comercio y Desarrollo, ya que ha llegado a la etapa de examen y ejecución de las recomendaciones de la Conferencia.

El Dr. Raúl Prebisch, Secretario General de la Conferencia, a quien se le han encomendado los informes anuales, de acuerdo con los datos proporcionados por los Gobiernos, indicó que había llegado al convencimiento de que era necesario hacer frente a las consecuencias, cada vez más graves, de la revolución tecnológica que se está operando en el mundo.

¿En qué consiste?

La política económica internacional ha dado origen a una multiplicidad de hechos visibles, que, mediante una serie de medidas dispersas, están ocasionando objetivos contradictorios.

Mientras en los grandes países se ha logrado en el campo económico grandes progresos, avances impresionantes, y el correlativo incremento en el logro de objetivos sociales precisos; tal cosa no acontece en el campo internacional.

No hemos aprendido a obrar en igual forma consciente y deliberada sobre las fuerzas de la economía y el proceso social en el mundo en desarrollo —ha dicho el Dr. Prebisch—. Agregó que es necesario elaborar una nueva política para resolver tales problemas.

¿Cómo se manifiesta la revolución tecnológica?

La Revolución Tecnológica ha permitido el crecimiento de los países industrialmente avanzados, pero tal crecimiento ha causado efectos adversos en los países en desarrollo. «El progreso técnico no se puede frenar y como consecuencia, en cuanto más progresa un país, se procura tecnificar la agricultura, se da mayor impulso a la

---

[12] Extra Año 1 No 11, Junio 1966. El doctor Villamil fue embajador de Honduras en las Naciones Unidas

industrialización y se hacen más cuantiosas las importaciones en bienes de capital y de consumo que van al consumidor en forma más creciente conforme la influencia de la técnica productiva moderna.

Pero el problema está en aquellos países en desarrollo con ingreso per cápita relativamente bajo una tecnología que se ha ido superando y complicando. Esto trae tremendas consecuencias ya que la tecnología moderna y el bajo ingreso no permiten a tales países absorber ni la mano de obra con poca productividad en la agricultura y otras ramas económicas, ni el incremento de la mano de obra a consecuencia del aumento constante de la población.

«Es un fenómeno de clara insuficiencia dinámica de la economía para absorber el potencial humano» —dice el Dr. Prebisch. Y este hecho cada día adquiere mayores proporciones que trascienden a la ocupación de baja productividad, ingresos escasos, servicios personales no calificados, pequeño comercio, etc. El problema ejerce una presión constante en las distintas actividades humanas que provoca «una congestión de gente mal ocupada» que busca la administración pública y los servicios públicos y otras actividades no absorbidas por la tecnología moderna. Mientras los países desarrollados utilizan a su máximo sus mejores recursos humanos calificados, los países en desarrollo no logran absorber lo poco que cada generación ofrece. Lo lamentable es que este cuadro funesto llega admitir aceptación. Se ven médicos en la diplomacia, empíricos en labores de expertos y personal cuya aptitud nada tiene que ver con el puesto para el que ocupan. Una total desarticulación en las actividades nacionales.

Los elementos dinámicos

En cada generación, en las distintas capas sociales hay elementos de gran iniciativa, hombres de acción, hábiles, en una palabra, los elementos dinámicos que podrían dirigir empresas, organismos, coordinar factores de producción, finanzas, sindicales y políticos del futuro que por su gran iniciativa podrían convertirse en factores determinantes en la evolución económica, social, política, cultural y científica. Pero lamentablemente, en los países en desarrollo, con tasas de crecimiento de 1 por ciento y 2 por ciento no se logra absorber la potencialidad de esos elementos dinámicos.

¿Qué acontece entonces? Que los medios de difusión del pensamiento político y social encuentran en todos esos elementos un sentido de «dinamismo frustrado» que los convierte más tarde o más temprano en elementos de indignación ante medios en donde existe fácilmente al material inflamable.

Hay necesidad pues de acrecentar el comercio internacional con nuevas fórmulas para hacer frente a las consecuencias de la revolución tecnológica para que la disparidad no tenga desastrosas consecuencias acumulándose material inflamable.

El Concilio del Vaticano había ya mencionado esto hace un par de años.

«La ayuda economía a las naciones en vías de desarrollo no servirá sui las normas d que rigen actualmente el comercio internacional no son profundamente modificas. Nos encontramos frente a diversos sistemas económicos y sociales. Es de desear que los hombres competentes puedan encontrar en esos sistemas los fundamentos de un comercio mundial sano; lo que será facilitado si cada uno renuncia a sus perjuicios y se muestra dispuesto a un dialogo leal».

Prebisch afirma que los países en desarrollo tienen que participar en una política activa de promoción del comercio mundial, pero tienen que hacerlo primero entre ellos mismos. No podrán participar en una rebaja de derechos con el mundo desarrollado si antes no elevan su productividad, buscan mercados regionales más amplios y realizan verdaderos sistemas de competencia que determine la modernización de la industria. Sin fortalecer la posición de los países en desarrollo no se podrá entrar en una competencia mundial en plano de igualdad.

A todo lo anterior hay que agregar la necesaria planificación, considerando que es muy difícil planificar adecuadamente. Además, los planes de desarrollo necesitan en forma inmediata recursos adicionales de inversión para contrarrestar los efectos de contracciones imprevistas en el curso de las exportaciones.

El problema ha sido planteado en forma seria en un plano más amplio que trasciende fronteras, áreas geográficas, ayudas económicas, y sistemas económicos distintos. Estadistas, funcionarios, dirigentes, hombres de empresa, etc. tienen el deber de estudiarlo y analizar las condiciones actuales que prevalecen como impedimentos para reestructurar el proceso económico y sus consecuencias en el comercio internacional y sus efectos para superar los grandes desequilibrios sociales.

Esa labor tiene ahora en sus manos la Conferencia de Comercio y Desarrollo que deberá examinar la información de los Gobiernos, de las comisiones económicas regionales, los organismos especializados de Naciones Unidas, los órganos intergubernamentales pertinentes y otras organizaciones internacionales.

«La tecnología al servicio del hombre y no el hombre en su estado de servidumbre».

LOS INCENTIVOS FISCALES PARA EL DESARROLLO INDUSTRIAL

Mario Rietti[13]

El proceso de desarrollo económico y social está asociado a un crecimiento más dinámico de la industria manufacturera respecto a los demás sectores de actividad económica. La industrialización de un país es considerada como instrumento básico para lograr el desarrollo económico. Una forma de promover el proceso de industrialización es mediante el uso de incentivos fiscales para aquellas empresas que, aumentando la tasa de inversión de la economía contribuyen a dinamizar el desarrollo industrial de un país.

Desde el punto de vista doctrinario existen dos formas de conceder estos beneficios. La primera, que se acostumbra a denominar de tipo automático, simplemente consiste en el uso de arancel de aduanas como factor de estímulo al desarrollo industrial. Se permite la libre importación, con dispensa de derechos arancelarios, de todos aquellos bienes de capital y materias primas que no siendo producidas en el país sean necesarias para el establecimiento y puesta en marcha de empresas industriales. La segunda forma de conceder incentivos fiscales al desarrollo industrial es mediante la emisión de una ley de Fomento Industrial.

La Ley de Fomento Industrial, como su nombre lo indica, es considerada el instrumento clásico para promover el desarrollo industrial en los países subdesarrollados. En ella, a la vez, que se otorga a las empresas calificadas el privilegio de la importación libre de gravámenes de maquinaria, materias primas y materiales, se concede también la exención de los impuestos sobre la renta, a la producción, ventas, etc. Los incentivos se conceden a las empresas industriales por un período determinado que varía de acuerdo con la clasificación que se le haya otorgado a la empresa.

La Ley de Fomento Industrial de Honduras fue emitida el 30 de abril de 1958, siendo Honduras el último de los países centroamericanos en emitir dicha Ley. El Salvador aprobó la suya en octubre de 1939, Costa Rica en diciembre de 1940, Guatemala en

[13] Extra, Año II No 13. Agosto 1966

diciembre de 1947 y Nicaragua en octubre de 1955. Es interesante observar que los países que tienen el mayor grado de industrialización en el área centroamericana fueron los primeros en emitir sus leyes. Honduras que tiene el menor grado de industrialización fue el último.

Los aspectos básicos contenidos en la Ley de Fomento Industrial de Honduras se sintetizan de la siguiente manera:

1. Objetivos de la Ley.
2. Definición de las empresas que pueden acogerse a sus beneficios.
3. Clasificación de las empresas según el grado de prioridad que les concede la Ley.
4. Naturaleza, monto y plazo de las franquicias y privilegios que se conceden a las empresas clasificadas de acuerdo con la Ley y su reglamento.
5. Obligaciones de las empresas clasificadas.
6. Control por parte de la autoridad competente del cumplimiento de las disposiciones legales.
7. Cancelación y suspensión de los beneficios.
8. Administración de la Ley y procedimiento para acogerse a los beneficios que otorga.

La Ley de Fomento Industrial, emitida en 1958, representó el primer intento sistemático de parte del gobierno de Honduras para estimular la inversión de la industria manufacturera. Contiene diversos incentivos tributarios para las empresas que sean clasificadas como básicas, necesarias y convenientes para el desarrollo industrial del país. Su aplicación se inició con el establecimiento en el Banco Central de Honduras de la Secretaría Técnica, que actúa como organismo encargado de la aplicación de la Ley y tiene a su cargo el análisis técnico de las solicitudes que la empresa hace para acogerse a los beneficios que otorga la ley. La secretaría emite un informe técnico sobre la solicitud que se discute en la Comisión de Iniciativas Industriales para presentar el correspondiente dictamen al Ministerio de Economía y Hacienda recomendando la categoría en que se debe clasificar a la empresa y las dispensas fiscales a otorgar a la misma. La resolución definitiva de clasificación de la empresa corresponde al Ministerio de Economía y Hacienda, mediante acuerdo del Poder Ejecutivo a través de esa Secretaría de Estado.

Para gozar de los beneficios de la Ley de Fomento Industrial las empresas presentan una solicitud al Ministerio de Economía y Hacienda formulada de acuerdo con un instructivo especial. Debido a lo engorroso del trámite administrativo y a lo difícil que resultaba completar todas las informaciones requeridas en el instructivo fueron muy pocas las empresas industriales que gozaron de beneficios durante los primeros años de vigencia de la Ley. A fines de 1960 apenas 15 empresas habían sido clasificadas y de éstas solo 11 habían hecho uso de dispensas fiscales, especialmente importando maquinaria, equipo y materias primas por medio de permisos provisionales que concede la ley. La mayoría de los empresarios se quejaban del largo período que transcurría entre la presentación y la clasificación por parte del Ministerio de Economía y Hacienda.

El trámite administrativo fue acelerado y mejorado en años posteriores a 1960. En 1962 estaban participando de los beneficios de la ley 55 empresas manufactureras. A principios de marzo de 1964 se habían acogido a la Ley de Fomento Industrial 92 empresas de las cuales 25 habían sido clasificadas como básicas, 53 como necesarias y 14 como convenientes. A fines de 1964 el total de empresas acogidas fue de 108, cantidad que se eleva a 155 al 31 de diciembre de 1965. Es decir que durante ese último año 47 empresas fueron clasificadas. Como consecuencia del mayor número de empresas clasificadas, las franquicias fiscales concedidas por el Gobierno han ido aumentando año con año; en 1960 ascendieron apenas a L. 230.422, en 1962 fueron L. 579.023, en 1963 2.2 millones de lempiras y en 1964 a 4.1 millones de lempiras, siete veces superior al valor de las franquicias tributarias durante 1962.

Para 1965 todavía no existen cifras definitivas, pero aprioristicamente podemos decir que las dispensas fiscales concedidas a empresas acogidas a la Ley tienden a oscilar entre los 4 y 5 millones de lempiras. Estas dispensas fiscales están construidas especialmente por exoneraciones arancelarias en la importación de bienes de capital, materiales de construcción y materias primas utilizadas por las industrias que tienen a capital en el mercado.

Una forma de medir la incidencia de la Ley de Fomento Industrial en el desarrollo industrial de Honduras se realiza comparando el total de empresas manufactureras con el porcentaje de empresas acogidas a la Ley de Fomento Industrial. En 1962 solo el 9.2% de los establecimientos manufactureros existentes estaban gozando de los beneficios de la ley. Ese porcentaje se eleva a un 18% en 1964 y a un 21% a fines de 1965. A nivel de ramas de actividad industrial el mayor número de empresas acogidas a los beneficios de la ley está en las industrias químicas, alimenticias, vestuario y textiles. En la industria química el 55% de las empresas en operación estaban protegidas por la ley y este porcentaje se eleva a un 75% en el caso de la industria textil.

El patrón de industrialización promovido por la Ley de Fomento Industrial se ha orientado especialmente hacia las industrias productoras de bienes de consumo, químicas y textiles que importan altos porcentajes de las materias primas insumidas en sus respectivos procesos de producción, Honduras atraviesa todavía por la primera etapa del proceso de desarrollo industrial en que se tiende precisamente al establecimiento de ese tipo de industrias. En el contexto del mercado común centroamericano Honduras tiene el mayor grado de industrialización y para no quedar como un mercado a la disposición de las empresas manufactureras de los otros países centroamericanos el gobierno tiene que dinamizar la política industrial. Un aspecto para lograr mayor eficiencia en la formulación de la política industrial es mediante la preparación de un Plan de Desarrollo Industrial que coordinando las actividades de la empresa privada permita una óptima localización de los recursos productivos. El Consejo Superior de Planificación Económica ha formulado el Programa de Desarrollo Industrial para el período 1965-1969 que contempla las medidas y acciones de política industrial encaminadas a acelerar el proceso de industrialización de Honduras. El éxito o fracaso de este programa depende conjuntamente de la acción estatal en materia de política de promoción e incentivos y del dinamismo del sector privado en el aprovechamiento de nuevos campos de inversión.

En el contexto del Mercado Común Centroamericano Honduras es el único país que no ha ratificado ni depositado el Convenio Centroamericano de Incentivos Fiscales al Desarrollo Industrial que tiende a uniformar los incentivos otorgados en los países del área. En la duodécima reunión extraordinaria del Consejo Económico celebrada en Guatemala a fines del mes de enero de este año la delegación de Honduras, tomando en consideración el menor grado de industrialización de Honduras respecto a los demás países centroamericanos, presentó una exposición contentiva de los criterios y medidas correctivas que es necesario introducir al Convenio para tener una justa aplicación del principio del desarrollo económico equilibrado. El objeto es proporcionar a Honduras un trato temporal preferencial mediante un Convenio o Protocolo adicional que contenga las siguientes bases:

1. Prerrogativa para Honduras de conceder los incentivos fiscales de acuerdo con una lista de criterios de evaluación económica más amplia que la establecida en el Convenio.

2. Permitir a Honduras conceder plazos más largos en el otorgamiento de incentivos fiscales para cada una de las categorías industriales señaladas en el artículo Cinco del Convenio.

3. Que Honduras tenga el derecho de clasificar a nivel nacional toda empresa nueva que se instale por un período de diez años, a contar de la fecha de suscripción del Convenio, quedando sin efecto para este país los artículos que se opongan a los resultados del trato preferencial otorgado.

El Consejo Económico discutió la posición de Honduras y acordó un tratamiento preferencial para nuestro país en lo relativo al Convenio Centroamericano de Incentivos Fiscales al Desarrollo Industrial, Régimen de Industriales de Integración y política de financiamiento del Banco Centroamericano de Integración Económica. Lo anterior presupone una nueva filosofía en la política de Integración económica centroamericana que, reconociendo el principio de desarrollo económico equilibrado, permitirá acelerar el proceso de industrialización de Honduras y mejorar la situación competitiva de la industria hondureña dentro del Mercado Común Centroamericano. Para ello es necesario un mayor dinamismo en las actividades productivas del sector privado y una coordinación más activa entre la política industrial que emite el gobierno y las decisiones de inversión de la empresa privada.

LA EMPRESA PRIVADA EN EL PROCESO DE INTEGRACIÓN

Miguel Facussé[14]

Introducción

Felicito al Ministerio de Economía por su iniciativa de celebrar este Seminario destinado a examinar con empresarios hondureños algunos temas relacionados con la Integración Económica Centroamericana.

Se hacía sentir la necesidad de esta clase de eventos. Es la única forma de conocer más a fondo problemas, realidades, aspectos positivos, beneficios; en fin, un cuadro más actualizado de lo que está pasando en Centroamérica. La mayoría de las veces sucede que cada quien ve esas realidades desde distintos ángulos porque los intereses inmediatos quizás son distintos. El empresario ve primordialmente sus costos, beneficios, competencia, mercados, etc. Los gobiernos, por su parte, tienen un enfoque más global y vinculan la integración económica a objetivos de desarrollo y a intereses políticos. Por su parte, los funcionarios de las instituciones regionales a veces consideran la integración como un fin en sí mismo y no como un medio, y tratan, porque es su trabajo, de que a todo trance se avance en el proceso integracionista. Este intercambio de ideas de puntos de vista permitirá a cada grupo una apreciación más balanceada de la situación del Mercado Común, lo que vendrá, a la larga, a apoyar el esquema integracionista.

Quisiera dejar clara mi posición. Creo en la Integración Económica como un mecanismo idóneo para desarrollar la economía de los países y para vigorizar la empresa privada Centroamericana. Lo digo, porque en el caso de mis empresas ha sido dentro del Mercado Común donde han encontrado el ambiente para fortalecerse y crecer. Los problemas han sido muchos, pero en el balance ha pesado más lo positivo. En las condiciones actuales de la economía internacional se reafirma la idea de que estos pequeños países sólo tienen futuro si ordenan su casa y si marchan juntos bajo el Programa de Integración Económica que iniciaron desde principios de la década de los años cincuenta.

---

[14] Revista de la Integración Centroamericana junio 1976

El empresario hondureño

La mayoría de los empresarios nacionales han venido oyendo hablar del mercado común, pero con tantos eventos sucediendo en cada país y Centroamérica, quizás se han desorientado sin saber exactamente en donde estamos situados. La mayoría han sido participantes activos o pasivos, porque han sido afectados positiva o negativamente por el libre comercio, por los aranceles, por los incentivos fiscales, etc. Algunos que vieron el potencial del Mercado Común han tomado ventaja e invirtieron; otros, se han visto enfrentados a tantos problemas que quizás se han desanimado y más bien ven con suspicacia el libre comercio por afectarles directamente. Pero en general quizás lo que priva es un desconocimiento de lo que en la realidad está pasando de los fines que se persiguen a largo plazo, del potencial que ofrece un mercado varias veces mayor que el hondureño, de las dificultades para aprovechar ese potencial, en fin, del reto y de los peligros a que sus actividades productivas están enfrentándose y se seguirán enfrentando en el futuro.

Creo que es necesario considerar que el empresario hondureño constituye un grupo relativamente nuevo. La actividad industrial es relativamente reciente. Antes, lo más importante, era la artesanía y el comercio, y poco a poco se fue pasando a las actividades manufactureras y de servicios.

La verdad es que el empresario hondureño ha crecido con el Mercado Común, porque el país empezó a desarrollarse después de la segunda guerra mundial cuando se fueron abriendo nuestras fronteras por los Convenios Bilaterales. Podemos decir que desde temprana edad se vino enfrentando a una fuerte competencia, es decir, no creció teniendo un mercado nacional cautivo como fue el caso en algunos de los países hermanos. La actividad textil es un ejemplo.

Convertirse de la noche a la mañana en empresario no es fácil y si no se está preparado, se tienen los recursos y un decidido apoyo gubernamental, lo más seguro es un fracaso. El asunto de producir un artículo no es sencillo, se requiere de técnica, de combinar recursos humanos con materias primas, maquinarías, es decir, todo aquello que permita elaborar un producto que necesite el consumidor a un precio competitivo. Y lo anterior necesita escalas de producción, lo que en Honduras no hemos tenido. A lo dicho se agrega que también hay que saber vender. Todo esto se va aprendiendo con la experiencia, pero al empresario hondureño le ha tocado aprender por el camino difícil; sin embargo, es muy satisfactorio contemplar que a estas alturas tenemos una empresa privada más desarrollada, más organizada y más consciente de su papel en el desarrollo económico-social de Honduras. También tiene que compenetrarse más de cuál es su papel en la Integración Centroamericana.

Profundizando un poco más sobre los problemas del empresario nacional aun sin pretender agotar el tema o establecer un orden, debo señalar que uno de los más importantes ha sido lo reducido del mercado interno. Por un lado, la población hondureña está muy diseminada y los centros urbanos de consumo son muy pocos, con una población que no excede de 250,000 habitantes en la ciudad de Tegucigalpa y quizás 150,000 en San Pedro Sula, mercados distantes uno de otro a 200 o 300 kms. Por otro lado, el poder de compra es bajo tanto en los centros urbanos como en los centros rurales. Esto contrasta con países como Guatemala, El Salvador y Costa Rica que han tenido mercados más amplios y concentrados, lo que les da ventaja en escalas de producción, mercado base y facilidades de distribución de sus productos. Eso ha influido en el avance más rápido de la industria manufacturera en esos Estados, inclusive en Nicaragua.

El costo de transporte ha sido más elevado por las distancias y por el estado de las carreteras, aspectos que hay que reconocer, que han mejorado mucho en los últimos 10 años. En energía eléctrica ha habido problemas de costo y quizás de abastecimiento, aunque eso últimamente se ha ido solucionando con los programas de electrificación que cada vez van extendiéndose más a todo el territorio nacional.

El financiamiento ha sido otra dificultad importante. El capital de riesgo es bastante limitado, todavía se prefiere invertir en actividades más seguras y de rendimiento más rápidos, como los bienes raíces y el comercio. Igualmente ha sido difícil obtener capital de trabajo.

En otros países quizás el capital de riesgo ha llegado más por medio de empresas transnacionales y los recursos disponibles locales han sido también más amplios. Esto es lógico, porque si tenemos un mercado restringido y dificultades de acceso a otros mercados, obviamente el capital tenderá a concentrarse donde hay mayores posibilidades de rentabilidad.

Mercadear productos en Honduras es más caro y más difícil por lo diseminado de los mercados y los problemas de transporte.

En cuanto a personal, los cuadros gerenciales que son elementos básicos para un desarrollo vigoroso de la empresa privada—, son limitados. A veces sucede que nuestros empresarios quieren hacerlo todo, sin darse cuenta de que los negocios modernos requieren cada vez más de gente con talento, motivación y que esté convencida de que tendrá oportunidades de ampliar sus horizontes. Eso es la experiencia en Químicas Dinant y demás empresas asociadas, y puedo decir con orgullo que nuestro éxito se ha debido a que hemos abierto las puertas a gente muy joven, que aun sin tener una preparación académica amplia han aprendido rápidamente y hoy ocupan posiciones de gran responsabilidad. Los dirigentes de empresas no podemos ser ajenos a que la llamada "tecnocracia" se desarrolle y pueda manejar los negocios en Honduras; eso no sólo es una necesidad sino de conveniencia para todos.

En lo que hace a mano de obra creo que el obrero hondureño es capaz de aprender rápidamente, de producir si se le estimula, aunque también tiene que comprender sus responsabilidades, que a la larga es un socio de la empresa y no un asalariado, y que sus posibilidades de mejorar sus ingresos y estatus está ligado irremediablemente al éxito de la empresa en la que trabaja. Su productividad debe reflejarse en productos de calidad y a costos competitivos; si esto último no lo entienden los obreros y sus dirigentes, podemos entrar no sólo en un estancamiento económico mayor, sino en una lucha entre empresa privada y trabajadores, en la cual nadie ganará porque todos seremos perdedores.

Como antes señalé, la empresa hondureña es nueva como gremio, así que hasta muy recientemente ha logrado cohesión, quizás respondiendo más a problemas políticos internos que a una genuina conciencia de grupo. En todo caso, con la organización actual está en condiciones de participar activa y constructivamente en la formulación y ejecución de las políticas de desarrollo económico y social. Solamente de esta manera podremos ser actores y no meros espectadores, tal como lo señalara en un discurso el exjefe de Estado, General López Arellano.

Los problemas a que me he referido seguramente no son exclusivos de Honduras. También los han sufrido y están sufriendo de una u otra manera los empresarios de las otras parcelas de Centroamérica. Sin embargo, creo que en Honduras han sido más agudos. No obstante que la economía de los demás países ha crecido más rápidamente y que la empresa privada ha aprovechado más las ventajas del Mercado Común que nosotros los hondureños, creo que en el balance pesan más los beneficios que los costos para Honduras. Para el empresario la competencia ha sido un acicate y cabe preguntarse, si muchas actividades productivas con que ahora contamos estarían en desarrollo sin el Mercado Común. Muchos son los factores que intervienen, pero en conjunto la integración ha tenido efectos positivos en la empresa privada hondureña.

Beneficios Para El Empresario Nacional

Seguramente el mercado más amplio que el nacional constituye el mayor beneficio para el empresario hondureño. Muchas actividades manufactureras o de producción agrícola no se habrían desarrollado como ahora se encuentran, si sólo hubiesen contado con el mercado hondureño. Lo anterior nos ha permitido escalas de producción y mejorar la calidad de los productos. Puede apuntarse otro beneficio intangible: nosotros los empresarios hondureños hemos tenido que ser más eficientes para hacer frente al reto de la competencia centroamericana. Hemos superado complejos de inferioridad y estamos demostrando que, con trabajo, dinamismo e imaginación, podemos ser iguales o mejores, y que Honduras puede aumentar sus exportaciones al resto de Centroamérica y luego a otros mercados.

Por la misma competencia nos hemos modernizado a fin de producir calidad y a precios competitivos, y en vez de reducir empleo estamos ocupando más gente con mejores remuneraciones.

El Mercado Común también ha abierto oportunidades de inversión, algunas de las cuales se han aprovechado; otras quizás se han perdido. En eso, nosotros los empresarios tenemos que conocer más y sobre todo arriesgarnos a utilizar las facilidades de financiamiento que se han creado a nivel nacional y regional. Creo que existe comprensión al problema hondureño en las instituciones regionales, particularmente en el Banco Centroamericano; pero debe hay una gran necesidad de proyectos que presentemos, de manera que puedan más de nosotros hacer uso de tales facilidades. Es una forma práctica de dar vigencia al trato preferencial a Honduras.

Aparte de lo anterior, creo que también Honduras se ha beneficiado de facilidades de financiamiento para construir y ampliar su infraestructura, particularmente en carreteras, proyectos que quizás no se hubiesen podido justificar bajo criterios de rentabilidad nacional. Estimo que esa ha sido una contribución importante de la integración económica al desarrollo de nuestro país.

Algunas dificultades actuales

Además de los problemas confrontados en el curso de los años anteriores por el empresario hondureño, hay algunos otros con los cuales tenemos que vivir y luchar por superarlos. Merece especial consideración lo relativo al financiamiento. Las dificultades del presente, sobre todo por el encarecimiento de las materias primas, han agudizado enormemente el problema de falta de capital de trabajo. Se requiere de más recursos para producir un artículo, para acumular existencias y también para mercadearlo, porque en condiciones de inflación, el consumo se restringe y hace que dar mayores facilidades de créditos si se desea mantener volúmenes de venta. Y para poder competir en Centroamérica hay que dar créditos en cantidades que desafortunadamente no disponen nuestras empresas. Llamo la atención sobre esto porque ello puede limitar la participación de Honduras en el comercio regional. Afortunadamente, la línea de financiamiento de exportaciones que se creó por iniciativa del Ministerio de Economía en el Banco Central ha ayudado mucho. Lo digo por propia experiencia, porque nuestras empresas han aprovechado al máximo estas facilidades y estoy seguro de que, si otros empresarios se decidieran a correr más riesgos y competir, el Banco Central estará en disposición de ampliar esa línea de crédito quizás con modalidades que pudieran ser mucho más atractivas para compensar riesgos.

En Honduras nos hemos visto enfrentados a cierta inseguridad en nuestros mercados vecinos, sobre todo después de 1969. Por ejemplo, nuestras empresas exportaban el 72% de su producción a Centroamérica, en otras palabras, hemos sido un conjunto empresarial creado sobre la base de un mercado regional. Reponernos de aquel rudo golpe fue muy duro y debemos reconocer el apoyo recibido del sector gubernamental, particularmente en cuanto a diversificar nuestra producción. Los Convenios Bilaterales vinieron a solucionar aquella situación, aunque quizás no ofrecen el grado de estabilidad que se requiere para arriesgarse en inversiones a más largo plazo.

La dificultad a que he hecho referencia también no ha dejado de tener sus ventajas. La verdad es que dieron un respiro a otras actividades que estaban siendo enfrentadas a una dura competencia; lo peligroso es que se acostumbren a un mercado cautivo. Como ya lo señalé, los Convenios Bilaterales abrieron de nuevo las puertas a nuestros productos y, por sus modalidades, nos están dando cierto grado de protección en algunos productos. Lo importante es aprovechar esta circunstancia para vigorizar nuestras actividades productivas y prepararnos para competir, porque sólo en el mercado ampliado habrá posibilidades de un sector industrial y agrícola dinámico.

En Centroamérica debe haber comprensión al rezago de nuestra producción. Creo que en los trabajos sobre Reestructuración del

Mercado Común se debe dar particular importancia a esa realidad hondureña, no para convertirla en una barrera permanente sino para crear programas con incentivos, financiamiento, mercados, tecnología, conversiones, etc.; que hagan factible capacitar a la empresa privada hondureña para participar provechosamente en la integración económica. De esa manera, será el país en su conjunto y particularmente los trabajadores del campo y la ciudad, los que participarán de aquellos beneficios. Luego podrían diseñarse mecanismos para eliminar cualquier desventaja arancelaria a Honduras de manera que pueda competir en igualdad de condiciones con los demás empresarios de la región.

Me parece que también es necesario dar alguna garantía de que la legislación que afecta los costos de producción tendrá algún grado de estabilidad. Como empresario, apoyo el progreso social y económico, porque al mejorar el ingreso y el bienestar se amplía el consumo y, porque como hondureño, estimo que todo habitante del campo o la ciudad debe tener un ingreso decente que le garantice un mínimo de bienestar. En nuestras empresas tratamos de hacer partícipes a los trabajadores de los beneficios y a base de medidas prácticas convertimos en realidad lo que creemos como filosofía empresarial y de desarrollo.

Pero toda política de cambio tiene que ser realista y justa. Realista, porque cuando hay crisis económica internacional y estancamiento en lo nacional, se necesitan medidas de estímulo, de garantías, para que el empresario arriesgue sus recursos y esté dispuesto a trabajar jornadas más largas para aumentar la producción. Sólo así saldremos del estancamiento económico y crearemos nuevas oportunidades de empleo. El empresario hondureño podrá aumentar su contribución para que se incrementen nuestras exportaciones a Centroamérica. Justas las reformas porque si bien hay que mejorar o promover el progreso social, introducir cambios que el país necesita y con los cuales estamos de acuerdo, también es preciso reconocer que el empresario y todo aquél que invierte su dinero debe recibir una remuneración adecuada a su capital y esfuerzo, de lo contrario, no habrá más inversión.

La estabilidad relativa a que me refiero es particularmente importante en el caso de las agroindustrias, que son el fuerte de Honduras, así como en la explotación de algunos recursos naturales. Como empresario y como hondureño estoy de acuerdo con medidas de protección y con todas aquellas encaminadas al aprovechamiento máximo de los recursos de que disponemos, así como que quede en el país el mayor valor agregado; pero que no se haga de una política de protección un fin en sí mismo, o que se piense que el empresario es un explotador a quien no interesa la conservación de nuestros recursos. Ese criterio es limitado y no contribuye a una mejor comprensión entre los distintos sectores nacionales o el extranjero puede acomodarse a nuevas reglas de juego, siempre que se le garantice su inversión y un rendimiento aceptable por sus riesgos.

Sólo así podrá figurar el sector exportador y el empresario nacional responder al reto que plantea el Mercado Común Centroamericano, o sea lo que se espera de nosotros como partícipes en el desarrollo nacional. Gobierno, empresa y trabajadores, tienen que encaminar sus pasos hacia objetivos comunes, de no hacerlo, mantendremos a Honduras en una semiparálisis, mientras en los demás países habrá más crecimiento económico, más empleo y bienestar. La brecha, para usar una palabra de los economistas, en vez de reducirse con respecto a los demás vecinos centroamericanos, seguirá ampliándose y haciéndose más difícil una reincorporación plena de Honduras al proceso integracionista.

En cuanto a medidas administrativas y de orden fiscal, la Asociación Nacional de Industriales (ANDI), en repetidas ocasiones ha manifestado la conveniencia de simplificar trámites administrativos. Los que enfrentamos problemas diarios, todo lo cual se traduce en mayores costos, corroboramos esa necesidad. A veces el funcionario público no se da cuenta a cabalidad qué trámites engorrosos al otorgar licencias presentan aumentos en los costos y, en consecuencia, en los precios y en nuestra capacidad competitiva.

Por otro lado, en ausencia de una reforma arancelaria y demás impuestos que alimentan las inversiones, no queda otra alternativa que seguir otorgando los incentivos fiscales que la ley establece, pero hacerlo también en la oportunidad debida y con la justicia del caso. Es preocupante, por ejemplo, que no se esté concediendo el beneficio de exención de impuesto sobre la renta por las reinversiones. Se recordará que éste fue uno de los incentivos por los que Honduras luchó como parte de un trato preferencial en este campo. Pero ahora sucede que, al haberlo solicitado algunas empresas, por tener derecho al mismo, se les ha negado, acto que constituye una arbitrariedad en la aplicación de una ley de la República.

Este proceder, sin lugar a duda, es contradictorio y creo que negando ese beneficio no va el Gobierno a resolver su problema fiscal; más bien está creando dudas en el empresario sobre la coherencia de la actual política económica. No se trata de despilfarrar recursos fiscales o eliminar controles administrativos, sino de aplicarlos eficientemente para beneficio del desarrollo económico que todos queremos en Honduras y por el que todos luchamos desde nuestras respectivas posiciones de trabajo.

Claro que el empresario tiene también responsabilidades. Es cierto que muchas veces la tardanza en los trámites no se debe a deficiencias de las oficinas gubernamentales, sino a que el empresario no presenta bien sus planteamientos y por ello se atrasan las resoluciones respectivas. Hay que comprender que los funcionarios tienen que ajustarse a una ley y lo reglamento, así que el empresario está obligado a colaborar. La ANDI y el Gobierno, me parece, podrían crear una comisión de trabajo permanente para resolver esta clase de problemas, lo cual establecería un mejor ambiente entre ambos sectores, porque no hay nada que el ser humano no pueda resolver a través del diálogo.

Por el lado del empresario nacional, es del caso hablar de la política de inversiones. Nuestras empresas han venido siguiendo la práctica de reinvertir nuevos fondos y de reinvertir utilidades respondiendo a una política de crecimiento y diversificación. Esa es la única manera de capacitarnos para competir con otras empresas centroamericanas y transnacionales que operan en el Mercado Común. ¿Por qué? Sencillamente, porque el crecimiento da tamaño, tamaño da fuerza y todo en conjunto crea condiciones para atraer y pagar mejores salarios a los hombres más capaces. Se crean así estímulos y un ambiente para trabajar con poder creativo, y cada uno lucha por tener mejores oportunidades que sólo pueden proporcionarse dentro de empresas en crecimiento.

En nuestro caso, hemos sido objeto de críticas por elementos del propio sector privado por seguir esta política, pero eso es precisamente lo que nos ha convertido en el conjunto empresarial más grande de Honduras, habiendo logrado crear una mística y un empuje que nos ha colocado como el Grupo que vende al Mercado Común Centroamericano el 40% ó más de los productos manufacturados que Honduras exporta bajo los Convenios Bilaterales. En una situación como la actual, otros empresarios deben hacerlo también, no tanto por nacionalismo cuanto por conveniencia económica.

Con el crecimiento y la diversificación, como lo he dicho, es que estamos compitiendo en Centroamérica. Nosotros no seríamos líderes en una serie de productos si la oferta de que disponemos. Por eso es combinación es factible mantener una política dinámica de mercadeo por medio de amplias campañas de publicidad dirigidas al consumidor, quien al captar nuestro mensaje y comprobar la calidad y precio de nuestros productos, nos ha preferido.

La empresa privada nacional hondureña tiene que entender esas nuevas reglas del juego y prepararse para una competencia más abierta. Hay que ir a disputar esos otros mercados y no quedarse cómodamente dentro de nuestras fronteras. Ese es un enfoque conservador, un criterio de mercado cautivo, que, si bien puede ser beneficioso en el corto o mediano plazo, a largo plazo significará estancarse mientras los competidores crecerán y podrán llegar más agresivamente a luchar por nuestro mercado interno. No veo ninguna razón por la cual nosotros no podamos luchar en su propio terreno y tener éxito, como lo ha probado el conjunto de empresas que tengo el honor de dirigir.

Honduras necesita una empresa privada más activa, más dinámica, más optimista. Creo que aquí es aplicable la frase de que lo que es bueno para la empresa privada es bueno para Honduras y también es bueno para Centroamérica.

Deseo recalcar la importancia fundamental del mercadeo de productos. En los tiempos actuales no hay otra manera de conquistar mercados y ampliar ventas. El empresario tiene que crear conciencia en el consumidor sobre la marca y la calidad del producto. Por ello es necesario presupuestar suficientes fondos para mercadeo y publicidad. Un negocio o empresa que tiene que competir en un mercado ampliado no puede manejarse con mentalidad de pulpero, y dispénseme lo duro de la expresión, pero esa es la realidad.

Problemas en Centroamérica

El empresario hondureño también tiene que enfrentar una serie de problemas en el Mercado Común, algunos de los cuales no se tienen en Honduras y que dificultan el acceso de nuestra producción a esos mercados. Otros son propios de un proceso de integración económica, pero conviene buscar soluciones racionales a los mismos. Sin agotar el tema comentaré algunos de ellos:

La competencia dentro del Mercado Común se ha ido haciendo cada vez más difícil, particularmente en bienes de consumo. Casi ha llegado a ser feroz. Sólo sobreviven los más capacitados, los que tienen economías de escala, un mercado básico local, aspecto en el cual el empresario hondureño está en cierta desventaja. Lo anterior es posiblemente el producto de una multiplicación irracional de empresas que manufacturan artículos similares. La ausencia de una política industrial regional ha provocado este estado de cosas, produciendo males casi irremediables a estas alturas. Esto es fuente de fricciones entre autoridades gubernamentales que tienen que defender intereses económicos. Es claro, eso sí, que en un sistema de libre empresa es difícil impedir el establecimiento de nuevas actividades dentro de un mercado saturado, pero hay un precio alto que se paga al mantener inversiones ociosas y en muchos casos hay quiebras de empresas. Por la debilidad de Honduras, por su atraso en la industrialización, los riesgos de nuestra empresa privada pueden ser mayores, pero la solución no debe ser el mercado cautivo, sino una cooperación regional que permita al país disfrutar de los beneficios de un mercado ampliado.

Algunos países por razones fiscales o para proteger su mercado interno han venido creando impuestos al consumo que, en la práctica, equivalen a barreras arancelarias. Los impuestos de Nicaragua hacen prácticamente imposible competir en ciertos productos o su efecto ha sido encarecerlos de tal manera que su demanda se ha restringido considerablemente. Costa Rica también tiene impuestos de esta clase, algunos de los cuales están afectando onerosamente a varios productos de nuestras empresas; a mi juicio son discriminatorios en favor de la producción tica. Guatemala tiene su impuesto de timbre que, por pagarse cada vez que se efectúa una transacción, favorece la producción guatemalteca que sólo lo paga una vez. Hay que considerar que la competencia es tal que, un 2 por ciento o más, equivale a salir del mercado o perder. En Honduras no tenemos esas barreras, excepto lo negociado en los convenios bilaterales que sirve de alguna compensación, pero este trato se estima será transitorio; en cambio, es difícil imaginar que aquellos países van a modificar sus impuestos en aras del principio del libre comercio. Ojalá estemos equivocados, pero la experiencia reafirma esta apreciación.

En transporte tenemos desventaja hacia Guatemala porque no podemos usar la carretera Interamericana. De nuevo es una cuestión de márgenes de utilidad reducidos. Los empresarios de la Costa Norte no tienen esas dificultades como las tenemos los que operamos en el centro del país.

Aunque penoso, es del caso señalar que la propia empresa privada es desleal y a veces hasta inmoral, por las prácticas que utiliza para eliminar la competencia en algunos productos. Recurre a distintos medios de presión para que autoridades de sus países establezcan dificultades administrativas o normas de calidad o sanidad que equivalen a barreras arancelarias.

El empresario hondureño tiene que vencer esas y otras dificultades en el Mercado Común. La verdad es que en todas partes la competencia es dura y sobreviven los más capaces, los que tienen iniciativa e imaginación para enfrentarse a los problemas diarios, sean reales o artificiales. Con todo, la competencia es saludable y esta clase de dificultades son susceptibles de superarse si hay buena fe e interés en que el proceso de integración económica siga adelante, como un mecanismo para estimular un desarrollo económico y social más acelerado.

Es oportuno referirse también a los problemas de competencia que el empresario nacional tiene que enfrentar con las transnacionales que operan dentro de la región. Para evitar malentendidos, quiero decir que creo en la necesidad de que venga más inversión extranjera, pero que se combine con la nacional, porque en el caso particular de Honduras, precisamente por la relativa debilidad de nuestra empresa privada frente a la del resto de Centroamérica, está expuesta a fracasar cuando se enfrenta a empresas transnacionales que producen y mercadean artículos similares. Veamos por qué.

El nacional no tiene la organización económico-financiera-tecnológica y de mercadeo, con que cuentan las transnacionales. Por su tamaño y por operar en varios mercados han desarrollado sus marcas a través del tiempo, efectuando grandes inversiones en la comercialización de sus productos en esos distintos mercados, lo que les da una ventaja sobre el productor nacional. Hay que tener presente que muchos de nuestros empresarios apenas tienen recursos para producir un artículo o sea que les falta capacidad para mercadear; en eso tienen que descansar en otras empresas que no necesariamente tienen la organización, el interés o los recursos, para competir con dichas transnacionales.

Es de sobra conocido, por otro lado, que pueden gastar más tecnología para desarrollar nuevos productos o mejorar los existentes en cuanto a calidad y costos. Nosotros tenemos que comprar esa tecnología, aunque en el caso de nuestras empresas hacemos nuestras propias investigaciones, pero obviamente no tenemos los recursos financieros, ni humanos o de equipo, suficientes.

También por su tamaño e integración las transnacionales manufacturan sus propias materias primas o pueden comprarlas en volúmenes tales que obtienen precios y facilidades de financiamiento que nosotros no estamos en condiciones de igualar. Adicionalmente, pueden invertir en el desarrollo de una marca por años, costándoles nada más el 50% porque el otro 50% es deducible del impuesto sobre la renta que pagan en los Estados Unidos o su país de origen.

Las facilidades de financiamiento para expansiones o capital de trabajo las pueden obtener de sus propios recursos, de emisión de valores o en el sistema bancario internacional. Nosotros mantenemos agotada o casi agotada nuestra capacidad de obtener préstamos y más bien, a veces, estamos pendientes de que por restricciones en las políticas de financiamiento del sistema bancario nos corten el crédito o nos exijan el pago de lo que adeudamos.

Las ventajas señaladas no las tiene el empresario hondureño. Dudamos también que las tengan los demás centroamericanos. Establecer normas de política en campos que están siendo atendidos por los nacionales va haciéndose necesario, sin perjudicar legítimos intereses de esas empresas, las que, no puede negarse, han contribuido también al desarrollo de cada país y del Mercado Común. Desafortunadamente, quizás por el rezago de Honduras en infraestructura y por nuestros problemas internos y externos, estas empresas se han establecido en el resto de la región y por eso el atraso en nuestra industria manufacturera en vez de resolverse se ha agravado en los últimos años.

Un mercado común de 5 países

Honduras ha estado participando en un Mercado Común imperfecto visto desde el ángulo de un empresario. La verdad es que estamos trabajando en un mercado más limitado que los demás empresarios de la región. Por un lado, los convenios bilaterales son restringidos en cuanto al libre comercio y, por otro, no tenemos acceso al mercado salvadoreño.

Si bien el tema es delicado, es conveniente tratarlo en forma realista y lo más objetivamente posible. Razones políticas y de interés nacional determinan que por ahora no podemos comerciar con El Salvador y ésa es una materia que corresponde al gobierno manejar. Al respecto, hay una posición de todos conocida, de que los problemas pendientes deben tener una solución global y simultánea.

Como empresario debo señalar que para Honduras el mercado salvadoreño es un mercado natural, quizás más importante que el de los demás países. Tenemos buenas comunicaciones con ellos y es un mercado más concentrado. Creo que nuestro comercio exterior y nuestras relaciones con Centroamérica no están funcionando a plena capacidad sin tener un acceso a aquel mercado.

Entiendo que desde un punto de vista político la pacificación es importante, pero eso es una materia sobre la cual no puedo opinar con propiedad. En cambio, sí puedo señalar con pleno conocimiento de causa, que desde un punto de vista económico la pacificación tiene ventajas de consideración para Honduras. Espero que estos comentarios sean interpretados en su verdadera perspectiva ya que me parece que, si se habla de un Mercado Común Centroamericano, es necesario enfocar con todo realismo nuestras relaciones económicas con El Salvador y tarde o temprano tendrán que normalizarse. Es obvio que el Mercado Común sólo podrá funcionar con más fluidez: al tener un acceso de cinco países.

DESARROLLO ECONÓMICO DE HONDURAS

Jorge Bueso Arias
Ministro de Economía y Hacienda[15]

Por la vastedad del tema y todo lo que tiene que ver, ya que la economía, como Uds. saben, es la base de todos los aspectos de nuestra vida y tiene que ver con toda ella, trataremos de limitarnos estrictamente a la discusión del tema económico. Quisiera principiar por una cosa que aparentemente es sencilla; me parece que debemos hacer primero un pequeño resumen acerca de qué es Honduras.

Principiaré con una descripción de nuestro territorio, que tiene una extensión aproximada entre 112,000 y 115,000 km²; y, simplemente como comparación para que podamos formarnos una idea de cuál es nuestro territorio, mencionaré que el Paraguay, que es uno de los países más pequeños de Suramérica, tiene más de 400,000 km², o sea 3½ veces nuestro territorio. Colombia tiene 1,150,000 km² aproximadamente, o sea 10 veces nuestro territorio; Perú tiene 1,400,000 y pico km² (depende de cómo arregle su problema fronterizo con Ecuador), y México tiene 2,000,000 km²; y no mencionemos ya a los gigantes del Brasil, Rusia, China, Estados Unidos, etc. De tal manera que Uds. ven la pequeñez de nuestro territorio, que no por eso dejamos de quererlo, de amarlo y de respetarlo, pero seamos objetivos y pongámonos dentro del mapa: toda Centroamérica junta apenas tendrá unos 425,000 km² (el tamaño del Paraguay).

Ahora bien, ¿qué hay en el territorio de Honduras? En primer lugar, nos encontramos con una superficie verdaderamente quebrada; todos nosotros constantemente estamos viendo cerros y montañas, y empezando desde la Sierra del Merendón, que atraviesa la parte central del país de norte a sur, y siguiendo con la cordillera de Celaque, Monticello, Comayagua, etc., hasta llegar a la Sierra de la Esperanza, vemos que el país está constituido por una serie de montañas que nos presentan grandes problemas para el desarrollo económico del país.

---

[15] Economía Política Año 2 primer trimestre No 2 enero marzo 1963 pp. (25-38)

Tenemos, naturalmente, los valles de la Costa Norte, que son los más ricos del país indudablemente, y las llanuras de la Costa Sur; y en las cuencas de los ríos, pequeños valles, relativamente hablando, como los valles del río Chamelecón, de Comayagua, de Olancho y Lepaguare, hasta llegar a las llanuras de La Mosquitia, que, aunque allí el terreno es plano, la tierra es verdaderamente estéril y creo que la vegetación solo logra crecer por la abundancia de agua que hay en esas planicies. Pero en cuanto a la calidad de la tierra, es verdaderamente mala, excepto en las orillas de los ríos, donde el aluvión se ha logrado acumular de toda la materia acarreada por dicho río.

Además de eso, tenemos dos climas muy distintos: el que podríamos llamar de la Costa Atlántica, donde principia la lluvia en mayo y termina en enero o febrero, y que está muy influenciado por las masas de aire polar que precisamente en este tiempo descienden sobre la región ártica y que, al pasar por el Golfo de México, en contraste con masas de aire caliente cargadas de humedad, ocasionan los famosos chubascos en toda la Costa Norte y Occidente. Esas masas de aire frío con aire caliente y humedad se destruyen en las sierras del centro de Honduras.

De Comayagua y Tegucigalpa hacia el sur tenemos el clima del Pacífico, donde están bien marcadas la estación lluviosa y la seca. La lluvia termina en este tiempo y deja de llover hasta abril, más o menos, y lo único que recibimos son los vientos que empujan esas masas de aire polar. Eso ocasiona que las dos regiones estén adaptadas a diferentes tipos de producción, afectando sobre todo los bosques, que constituyen el recurso renovable natural más valioso que tenemos.

Los bosques cubren aproximadamente 8 millones de hectáreas de nuestro territorio, de los 12 millones que tenemos. De estos, 2.5 millones de hectáreas se estima que son bosques de pino y que no son muy aptas para la agricultura; así es que continúan más o menos dedicados a la silvicultura, si es que así se le puede llamar. Unos 3 millones continúan con el bosque que llaman de hoja ancha o foresta de lluvia, y 2.5 millones que han sido limpiados de bosque están ahora dedicados a la agricultura o a la ganadería.

Después llegamos a lo más importante de Honduras, que somos todos nosotros, en número de 2 millones de hondureños que vivimos en este país en compañía de unos 100 o 150 mil extranjeros. El 50% de los hondureños de diez años de edad saben leer y escribir; uno de cada dos hondureños no sabe leer ni escribir; tres de cada cien han asistido a las escuelas secundarias y apenas tres por mil han recibido educación universitaria. De ese total de la población, el 48%, o sea casi la mitad, para fines prácticos, tiene una edad menor de 15 años; es decir, es un grupo de población verdaderamente joven, como es el caso en casi todos los países subdesarrollados, donde la técnica de la medicina y la sanidad han entrado a hacer milagros, salvando vidas y —dicho sea de paso— a crear problemas a Uds., los futuros economistas, de cómo alimentar, vestir y dar trabajo a toda esta población que se está salvando.

En la actualidad, según los últimos datos del Censo, el 66% de la población está directamente ocupada en la agricultura, lo cual representa un descenso de unos 8 o 9%, comparado con las cifras de 1950; y en la industria, un 8.5%.

Eso somos, pues, los 2 millones de hondureños. Creo yo que como pueblo tenemos tan buena madera como cualquier otro; es decir, que el espíritu de nuestro pueblo, el espíritu de nosotros es tan bueno como el mejor, pese a lo que digan los que yo llamo "profetas de calamidades", que pasan tratando de convencernos de que no servimos; nosotros somos tan buenos como el mejor que pueda haber. Naturalmente, la preparación que hemos recibido es deficiente y no podemos esperar de este pueblo el rendimiento de uno que tuviera el índice de analfabetismo reducido a dos o tres por ciento, pero con este elemento humano tenemos que trabajar, y creemos nosotros que hay madera para hacer que rinda mucho en el desarrollo de nuestro país.

Tenemos organizado el país, más o menos ya Uds. se pueden imaginar, de acuerdo con las situaciones marcadas por los valles y por las montañas, lo que llegó a crearnos casi zonas de autosuficiencia, que todavía no desaparecen, especialmente la zona de occidente, la zona del centro y la zona de oriente, cuando las vías de comunicación eran tan difíciles o son aún tan difíciles de cruzar. De allí, pues, que, contrario también a la situación de Guatemala, Costa Rica y Nicaragua, donde tienen núcleos de población bastante concentrados, la población de Honduras está prácticamente distribuida en todo el territorio, exceptuando la parte oriental extrema, que como Uds. saben, está deshabitada. No tenemos, pues, la particularidad de esos otros países, donde en una región poco extensa tienen sus núcleos principales de población.

Esa es la base que hemos tenido los hondureños, y debemos analizar lo que hemos hecho del país para llevarlo hasta donde estamos. (Acuérdense que estoy tratando de quedarme nada más en el punto económico). En primer lugar, hemos llegado a un nivel medio anual de producción de alrededor de $175.00 per cápita, a precios corrientes, que nos clasifica dentro de los países subdesarrollados, como tiene que ser, pues la principal producción está en el sector agrícola, donde tenemos la mayor parte de la población trabajando directa o indirectamente y donde hay dos sectores claramente establecidos: el sector para consumo interno, con ciertos excedentes para exportación, y el sector produciendo casi exclusivamente para la exportación.

En el sector de consumo interno, Honduras ha logrado —pese a las cifras estadísticas en las cuales yo tengo mis dudas, por la lógica que me dice que no es así— conservar la producción más rápida, siguiendo un ritmo más rápido que el crecimiento de la población, y hemos llegado hasta tener excedentes relativamente fuertes para exportar, principalmente a los países de Centroamérica. Por lo menos en los productos alimenticios básicos como maíz, frijoles y carne, donde hemos logrado tener cifras que son relativamente altas, esta producción en parte se ha logrado, o casi toda ella se ha logrado, con métodos verdaderamente rudimentarios. No es sino hasta hace unos 15 años que la técnica empieza a entrar en este campo de la producción agrícola, cuando vienen ya los servicios del gobierno como servicios de extensión agrícola, nuevas vías de comunicación y la demanda del mercado centroamericano, pero siempre continúa siendo la mayor proporción de ella producida con métodos verdaderamente rudimentarios.

Por otro lado, está el sector de exportación, principalmente el banano, donde entra la técnica más moderna que se puede considerar en la actividad agrícola y donde entran la producción en gran escala y casi toda dirigida, como dije, a la venta en el exterior. Entra también la producción de café, en pequeñas parcelas principalmente, contrario al resto de Centroamérica; y últimamente la producción de otros artículos, como el algodón, dedicado casi exclusivamente a la exportación.

De allí, pues, que se nos crean en Honduras, con la producción bananera, unas zonas en la Costa Norte donde hay verdadera técnica en la explotación agrícola y hay fuertes inversiones de capital; pero en tanto tales inversiones se están llevando a cabo, el resto de Honduras prácticamente está incomunicado con esas zonas, y se vuelven islas, por decirlo así, que reciben casi todo lo que necesitan del exterior y el resto de Honduras no tiene el estímulo de esas fuertes inversiones, si no es tal vez para robarle elemento humano que pudiera haber contribuido a desarrollar otras actividades en el interior, especialmente el otro artículo que estaba creciendo como exportación en estos países, que era el café. Con los sueldos verdaderamente fabulosos que pagaban las empresas bananeras, se succiona elemento humano del resto del país para trabajar en la Costa Norte, que se había convertido casi en una isla separada del resto de Honduras.

La minería en un tiempo logró considerable auge; en la actualidad operan solamente dos minas, y aun cuando se conocen varios depósitos de mineral, todos ellos vienen siendo pequeñas afloraciones. Como depósito mineral en explotación fuerte tenemos únicamente El Mochito. La mina de Valle de Ángeles es un pequeño mineral que casi es marginal en su explotación; entre los demás depósitos minerales conocidos están únicamente Agalteca y algunos otros pequeños afloramientos. La geología de Honduras no indica que existan grandes depósitos que permitan explotaciones fuertes, de tal manera que la riqueza de la que nosotros oímos hablar en la escuela primaria que existe en Honduras no existe o no se conoce hasta la fecha. La mayoría de las minas fueron explotadas en tiempo de los españoles por métodos rudimentarios y en la actualidad solo quedan las ya indicadas.

En la industria manufacturera, apenas si estamos produciendo el 12% del producto interno, pues ha sufrido de falta de mercados, de hombres de empresa, de capital, de vías de comunicación; en fin, de todos los inconvenientes que ha tenido para desarrollarse y, como es natural, empezó a desarrollarse a base de industrias que podían subsistir en la periferia, prácticamente, de los centros grandes de población (cigarrillos, cerveza, confites, algunos textiles), pero casi toda la producción es dedicada al consumo interno.

Acerca de la infraestructura —y voy a hablar únicamente de aquellas que estimulan el desarrollo económico— me permito recordar la configuración del terreno, pues debido a esta misma configuración se hacía necesario tratar de abrir las vías de comunicación entre los valles, entre los centros de población, entre las regiones productoras, entre los mercados vecinos. En la actualidad tenemos unos 370 kms. de carreteras asfaltadas; 1,700 kms. de grava transitables en todo tiempo, y unos 800 transitables solo en verano, haciendo un total de casi 3,000 kms. de carreteras, prácticamente concentradas en la mitad del Departamento de Olancho y el Occidente, donde está la mayor población. En ferrocarriles tenemos apenas unos 600 kms., casi todos dedicados a servir el cultivo bananero, y unos 100 kms. nada más, que es el Ferrocarril Nacional, el que sirve tanto al tráfico bananero como al servicio general de carga y de transporte de pasajeros. Hace poco se desarrolló la aviación, que cobró bastante desarrollo precisamente por la misma dificultad del transporte, que nuevamente va en decadencia ante las carreteras que está abriendo constantemente el país. Donde llega una carretera prácticamente la aviación desaparece, excepto como medio de transporte para pasajeros o carga de mucho valor y poco peso.

En energía eléctrica apenas tenemos una capacidad instalada de unos 25,000 kilovatios, que es por mucho la más pequeña de Centroamérica dedicada al servicio público. Hay también algunas plantas dedicadas al servicio privado. Esto compara desfavorablemente, por ejemplo, con la producción del proyecto del Río Lempa en El Salvador, que tiene en la actualidad instalados 60,000 kilovatios. En telecomunicaciones, nuestro sistema es verdaderamente rudimentario; prácticamente nos es imposible en la actualidad transportar nuestra voz sino a los centros principales poblados: San Pedro y los lugares de la Costa Norte donde presta servicio la Tropical Radio.

También tenemos ya un gobierno organizado más o menos sobre bases democráticas, institucionalmente basado en la Constitución de 1957, que es singular en las ventajas que este sistema ofrece al desarrollo económico.

Nuestro sistema monetario y bancario, creemos nosotros, es uno de los mejores en Centroamérica; por lo menos es bastante moderno y creemos que está reaccionando de acuerdo con las necesidades de la economía.

He procurado ser lo más breve posible porque yo creo que a los estudiantes aquí presentes lo que más les preocupa es el futuro; el pasado tiene interés desde el punto de vista académico y sirve de fuente para sacar lecciones, pero ahora veamos qué es lo que tenemos que hacer. A continuación, al referirnos al desarrollo económico del país, voy a hablar en términos de largo plazo; no voy a hablar en relación a un período de dos o tres años. Quiero también establecer con claridad que las opiniones que yo exprese son personales; que reconozco que en virtud del cargo que desempeño de Ministro de Economía y Hacienda pesan naturalmente en la formación de la política gubernamental, pero toda política gubernamental —como Uds. saben— la establecen equipos de hombres, algunos de los cuales tienen opiniones completamente diferentes el uno del otro, y de allí vienen esas fuerzas y contrafuerzas que hacen que en un régimen democrático se eviten abusos y generalmente se vaya siguiendo el camino que, a la larga, es el más apropiado. Repito: quiero dejar claramente establecido que estas opiniones son personales y reconozco que influyen en la política gubernamental, pero naturalmente el Gobierno no tiene que seguir mis opiniones, sino que es el Presidente de la República, el Poder Ejecutivo y todo el andamiaje del Gobierno el que la fija para más adelante.

Ahora; ¿qué vamos a hacer para desarrollar nuestro país? Lo primero, a mi modo de ver, es mejorar urgentemente la preparación de nuestro pueblo: la base de todo desarrollo económico está allí; no podemos aspirar a salir adelante, a desarrollar aceleradamente nuestra economía y nuestro adelanto social; no podemos aspirar ni siquiera a conservar lo que tenemos (los recursos naturales, nuestra tierra) si no educamos a nuestro pueblo. La educación del pueblo, el mejoramiento de sus conocimientos: esa es la base de todo desarrollo futuro. Uds. se habrán fijado en las cifras de educación primaria de los últimos cinco años. El fondo de la política que ha seguido este Gobierno en la parte educacional, por lo menos de educación primaria, es la siguiente: el niño debe llevarse a la escuela, contrario a lo que se hacía en otros tiempos. En el pasado, si una escuela solo tenía cupo para cien niños, se matriculaban los primeros que llegaban y a los otros se les decía que no había ya más espacio; este régimen ha sido sustituido por la más acertada política de no negarle a ningún niño entre los 8 y los 12 años de edad la oportunidad de educarse, aunque sea en forma elemental, pues de lo contrario perdería ese beneficio y no le quedaría sino el recurso de asistir en el futuro a escuelas nocturnas para adultos. De ahí que creemos que al niño debe educársele a toda costa, aunque asista a la escuela sin las comodidades de un mobiliario perfecto y completo.

En 1930 teníamos 57,000 alumnos matriculados en la primaria; en 1940 ocurrió un descenso en la matrícula, debido naturalmente a la depresión de la situación económica de esos años, a 50,000; en 1950 subió a 104,000; en 1955 a 128,000; y de 1955 a 1960 está ya el salto a 209,000; y en 1961 hay alrededor de 242,000 a 243,000 matriculados. Escuelas en 1950 había 1,207; en 1955, o sea cinco años después, 2,265; y al año de 1960, 3,126. Uds. ven el salto, y el número de alumnos por escuela también aumenta fuertemente, pero no solo eso, sino que se ha logrado reducir bastante la deserción escolar y ahora hay en el medio rural aproximadamente 10,000 niños en el 6º año, que —dicho sea de paso— nos van a crear un problema para el año entrante porque la política que se inició de llevar niños a la escuela empieza a dar resultados. Ahora salen ya a buscar campo en la secundaria aquellos niños que se empezaron a llevar a la primaria bajo este plan y nos van a crear una demanda de espacio en la secundaria, que es beneficioso naturalmente, pero que al Gobierno y a todos nosotros nos va a poner bajo una presión fuerte. Pero si vamos a seguir con esa necesidad de llevar anualmente 35,000 o 40,000 niños a la escuela primaria, el Ministerio de Hacienda tendrá que solicitar al Congreso un aumento en la asignación para el pago de profesores de casi 1,600,000, porque nos hace falta dinero. Necesitamos entonces entrar a formar los maestros que tienen que hacerse cargo de ese número adicional de niños.

Sacando la cuenta, a razón de 30 niños por maestro, serán 1,000 maestros anuales que tenemos que incorporar. Hasta hoy hemos estado echando mano a las reservas de muchos maestros que, por los sueldos de L.40.00 o L.50.00 que ganaban, estaban dedicados a otras tareas. El Consejo Nacional de Economía estimó que había una reserva de maestros que, con el aumento en los sueldos, el Estado y la sociedad, mejor dicho, ha podido volver a atraer a su profesión; pero a gran número de ellos no les interesa ya la profesión, prácticamente porque están ganando más en otras actividades, y aunque sean "apóstoles de la enseñanza", como se les llama, tienen que comer, vivir y educar a sus hijos, y si ganan más en otro sector se van para allá. Entonces tenemos que formarlos y ver cómo les mejoramos sus condiciones de vida para seguir atrayéndolos, porque nos van a hacer falta o tenemos que echar mano de maestros empíricos, a quienes —dicho sea de paso— se les está mejorando también su preparación por medio de cursos por correspondencia y a través de cursos en sus vacaciones. Ese problema se está resolviendo: tres escuelas normales rurales y en la Escuela Superior del Profesorado se están preparando profesores para ir a enseñar a los profesores; es decir, que hay un programa organizado para mejorar la preparación de los docentes.

De allí llegamos a la secundaria. Ya les expliqué cómo esta política de llevar niños a la escuela nos está amenazando con que necesitaremos escuelas secundarias en un gran número. La política que ha seguido el gobierno es igual: al niño que quiere llegar a la secundaria se le acepta; posiblemente vamos a tener bastante deficiencia en los primeros dos o tres años, pero por lo menos estarán estos niños recibiendo algo de enseñanza, y mientras de la Escuela del Profesorado egresan profesores, tenemos que hacerle frente a esa necesidad.

En la Universidad admiten bachilleres con educación deficiente, principalmente de los departamentos, pero creo que ese es uno de los motivos del curso básico, o sea, darles una mejor preparación antes de pasarlos a la Universidad.

Llegamos, por último, siguiendo la misma política, a la Universidad, a la que el Estado contribuye aproximadamente con millón y medio de lempiras. Hay alrededor de 1,600 a 1,700 alumnos matriculados, que naturalmente no son los hombres de hoy, sino los hombres del mañana, que se están formando y que, de aquí a diez, quince, veinte años son los que van a regir el destino de este país. Pero no es solo esa clase de educación la que necesitamos nosotros; necesitamos la educación que vaya directo al hombre que está trabajando en el campo, a través de la extensión, que trata de enseñar mejores métodos, nuevas normas; trata de inculcarle al trabajador ciertas técnicas y ciertos conocimientos que le aumenten su rendimiento, su productividad, que le hagan mejor hondureño.

Contamos con escuelas vocacionales, en las que tenemos que preparar tanto peritos agrónomos como mecánicos y demás trabajadores industriales; tenemos una escuela de artes industriales, que también contribuye en el campo de la capacitación. El Gobierno está contemplando abrir un instituto vocacional en San Pedro y tratará de llevar siquiera unos 300 o 400 jóvenes a dicho centro. Aquellos que no pueden llegar a estudiar carreras profesionales, pues pueden sobresalir y algunas veces les va mejor en la vida que a los profesionales universitarios, como mecánicos, operadores de equipo, etc. En el campo agrícola, hasta ahora el único plan es fortalecer la escuela de Catacamas y tratar de estimular a la Escuela Agrícola de El Zamorano para que nos tome más muchachos. Quisiéramos nosotros también, y esa es opinión personal mía, educar mejor a todos los hondureños en ser mejores miembros de todo el país, de todas y de cada una de las comunidades.

Los hondureños tendemos a quebrar las reglas del juego, que son las leyes, las costumbres nuestras, y no sabemos perder; no somos buenos ganadores tampoco y se me hace que por allí no compartimos la responsabilidad en la comunidad; tendemos a ignorar los problemas como si no fueran nuestros. Una observación que una universitaria me hiciera hace poco me ha hecho pensar que a lo mejor esta es una de las grandes fallas de nosotros; los hondureños tenemos que enseñarnos que somos miembros de una sociedad y que hay reglas dentro de las cuales operamos, y las que debemos respetar; pero acá pareciera que tendemos a tratar de sacar ventaja personal, olvidándonos de quiénes somos y que somos miembros de una sociedad. A mi modo de ver, el principal problema es ver cómo mejoramos todos los conocimientos de nuestro pueblo, porque esa es la base de cualquier desarrollo económico; no podemos tener desarrollo económico acelerado si no mejoramos la calidad de los conocimientos y la educación en general; no me refiero solo a la instrucción, sino a la educación de nuestro pueblo.

Honduras es un país eminentemente agrícola y aquí tal vez voy a disentir de la opinión de todos Uds. al decir que, a mi modo de ver, el futuro, por lo menos del desarrollo económico previsible del país, está precisamente en la agricultura. Yo sé que muchos de Uds. creen que puede estar en el sector industrial, y naturalmente es conveniente discrepar, y estoy seguro de que me van a hacer preguntas más adelante que con mucho gusto voy a contestar. Pero ¿por qué creo yo que la base para el futuro desarrollo del país inmediato (estoy hablando tal vez de quince, veinte, veinticinco años) es la agricultura? En primer lugar, por lo que ya mencioné: el 66% de la población está dedicada a la agricultura; tiene, aunque sea conocimientos empíricos, pero los tienen; sabe lo que tiene que hacer; en algunos casos, tiene una experiencia que es muy valiosa y puede recibir y reaccionar a cualquier estímulo más pronto que si quisiéramos tener obreros industriales o industrializarnos donde no hay obreros, donde no hay operadores. En segundo lugar, tenemos mercado, y aquí vamos a diferenciar el mercado nacional, uniéndolo con el mercado regional de Centroamérica, y el mercado internacional completamente fuera del área. Resulta que en Centroamérica hay una tendencia a industrializarse, o, mejor dicho, a darle más fuerza a la industrialización y a la producción de artículos dedicados a la exportación; esto está generando un vacío en la alimentación de algunos países de Centroamérica que Honduras fácilmente puede llenar.

Acuérdense que yo les mencioné los dos climas que hay en Honduras y los mencioné precisamente por este punto: la mayor parte de la población en Centroamérica está radicada cerca de las costas del Pacífico; solo nosotros prácticamente tenemos un núcleo fuerte de población radicada en la Costa Norte; entonces tenemos pues la diferencia de clima que hace que estas tierras puedan ser dedicadas a producir artículos alimenticios, cuando las tierras del Sur pueden ser dedicadas a la producción de artículos como el algodón y las oleaginosas; se necesita que las dos estaciones climáticas estén marcadas.

Este año Honduras va a exportar casi un millón de quintales de maíz y casi trescientos mil quintales de frijoles; nuestra Costa Norte no la podemos dedicar a cultivar algodón por su régimen de lluvia, no la podemos dedicar al cultivo de ajonjolí, de higuerilla o de cualquier otro de esos productos, precisamente por el clima; pero sí la podemos dedicar a cereales y a cerdos, y tal vez hasta tres cosechas de maíz, de frijoles, de esos artículos que pueden ir al resto de Centroamérica, ya que el resto de Centroamérica va mostrando la tendencia general de casi toda Latinoamérica a volverse deficitaria en su alimentación. Y reconozco, por ejemplo, que El Salvador este año va a tener una mejor cosecha de maíz, y posiblemente Guatemala también, pero si ellos se dedican a cultivar, digamos, algodón, ¿quién los va a alimentar? A mí se me ha dicho que nosotros somos "maiceros", o que yo quiero que seamos "maiceros" o "frijoleros"; pero háganse la pregunta: ¿es una deshonra alimentar a otro pueblo, venderle alimentos?

Yo creo que no; la deshonra está en la baja productividad; es decir, cuando nosotros pensamos en el obrero industrial y el obrero campesino, nos imaginamos a un obrero detrás de una máquina grande, de por lo menos una inversión de diez o quince mil lempiras, y al campesino con un machete y un azadón; naturalmente, esa no es comparación, porque eso sería como pensar en el obrero industrial como un zapatero cuyo único instrumento de trabajo fuera un cuchillo con el que estuviera tratando de darle forma a un zapato; pero si al agricultor lo ponemos sobre un tractor, le enseñamos la técnica moderna de cultivos, de fertilizantes, de protección de sus cosechas, de conservación de recursos naturales, aquel hombre puede producir tanto o más que un obrero industrial. Y no hay ninguna razón por la cual no se pueda llegar a esa producción; los países industriales más fuertes del mundo son eminentemente también fuertes en la producción agrícola. Estados Unidos es el país de producción agrícola más fuerte de todo el mundo. Hace por lo menos unos seis o siete años, la producción de artículos lácteos en Estados Unidos tenía más valor que la producción de acero. Volviendo, pues, a que la productividad es la que va a decidir si la agricultura rinde tanto por insumo de capital, de horas de trabajo, etc., como la industria; y para mí sinceramente les digo que generalmente las industrias de estos países están procesando materias primas o productos semielaborados que vienen del exterior, y en la agricultura la materia prima es toda nuestra.

No veo por qué debemos avergonzarnos de ser un país agrícola; generalmente se hace esa generalización: todo país agrícola es pobre; yo diría que porque es pobre tiene que ser agrícola; porque un país pobre no puede llegar a la etapa de la industrialización; tiene por fuerza que ser agrícola, ya que tiene que producir primero para alimentarse, y naturalmente habrá sus excepciones. Hay casos de países agrícolas que tienen un alto nivel de ingresos, teniendo principalmente la producción agrícola como su actividad indispensable; menciono a Dinamarca, Nueva Zelandia, etc.

Para carne, tenemos afortunadamente el mercado de los Estados Unidos, cuya demanda representa para nosotros cifras económicas. En cuanto al banano, por mucho tiempo continuará siendo la base de la economía de la Costa Norte, por lo menos de la región donde están establecidas las compañías bananeras, y la base de futuras industrias. Se nos presenta la ocasión de nuevos productos, que hasta ahora ni siquiera se han conocido en Honduras, como el ramio; también, debido a la actual situación del Caribe, se nos presenta la gran oportunidad de exportar las verduras y ciertos artículos comestibles que antes exportaba Cuba, y que ya empezó el país a enviar a los Estados Unidos, como piña, yuca, malanga, que son artículos aparentemente vulgares pero que nos pueden estar dando la oportunidad de aumentar nuestra producción. En cuanto al tabaco, ya en experimentos que se hicieron el año pasado en Copán tuvieron éxito y resultó un tabaco tan bueno como el cubano, y puede abrir de nuevo un renglón de producción de dos, tres, cuatro millones de dólares al año; podemos aumentar la producción de artículos como algodón y semillas oleaginosas, sobre todo para el mercado centroamericano, y los productos tradicionales, como arroz, etc., para el resto.

Centroamérica está importando alrededor de 50 a 60 millones de dólares en productos alimenticios y nuevamente aquí hay una oportunidad de sustituir uno de ellos. La silvicultura, como antes dije, es el recurso natural conocido más valioso que tenemos; contamos con dos millones quinientas mil hectáreas de bosque de pino; si cada hectárea fuera explotada racional y técnicamente debería de rendirnos aproximadamente cien dólares por hectárea al año, en promedio, lo que representaría para Honduras doscientos cincuenta millones de dólares de producción al año, o sea aproximadamente 65%, a precios corrientes, de la producción actual. Sin embargo, creo que la producción forestal no llega actualmente a veinticinco o treinta millones de lempiras. Pero lo interesante no solo sería lo que directamente podría dar a la economía a través de esos productos de madera, de papel, de celulosa, de aguarrás, de aceite de pino, etc., sino lo que indirectamente le daría a través de conservación de agua, de recursos naturales, de la fauna y todo lo que consigo trae la silvicultura; los mismos valles, que dependen en gran parte de la lluvia, estarían pues beneficiándose por la silvicultura. Allí, naturalmente, tenemos que mejorarles, sobre todo con carreteras, y de nuevo caemos al elemento básico de educar a nuestro pueblo, sobre todo para conservar nuestros recursos naturales. Una misión del Instituto Stanford de Investigaciones, que recientemente nos visitó, basándose en los estudios hechos por la FAO, y también otros expertos de la FAO que actualmente están haciendo el inventario forestal, llegaron a la conclusión de que perdíamos, por causa del fuego, alrededor de 35 a 40 millones de dólares al año directamente, sin contar naturalmente todas las pérdidas indirectas que tenemos por erosión, por sequía, etc. De allí, pues, que nosotros tenemos que ponerle a la silvicultura la atención que se debe y llegamos nuevamente al punto básico de la educación de nuestro pueblo. Los que hemos vivido en esos pueblos pequeños sabemos que cuando llega el verano, la gente ve venir los fuegos como quien dice las aguas de mayo; es lo más natural que ven que en ese tiempo se queme casi toda la superficie de los bosques de Honduras; ellos pueden pasar a la par de un fuego que está principiando, que quizás con cinco minutos que se detuvieran y cortaran una rama para apagarlo, salvarían al país de una pérdida de tal vez cien a doscientos o aun trescientos mil lempiras; pero no lo hacen.

Cuando digo que la base de la economía está en la agricultura, no quiero por ningún momento que se diga que yo me olvido de la industrialización; al contrario, lo único que yo digo es que los estímulos nuestros en un momento dado —ya que se supone que seguimos el régimen capitalista—, el estímulo nuestro hacia la iniciativa privada, debía ser preferentemente encaminado hacia la producción agrícola y no a la producción industrial; pero no quiere eso decir que nosotros descuidemos la producción industrial, sino todo lo contrario: que también la estimulemos; pero procuremos un tipo de producción industrial que trate preferentemente de procesar nuestras materias primas, los productos naturales que nosotros tenemos, o que use lo menos posible material importado. Yo les he informado que Honduras, en todas las reuniones donde se ha discutido esta cuestión de industrialización, ha hecho saber ese punto de vista; porque en otros países de Centroamérica han tendido a una industrialización, pase lo que pase, y llega a establecerse lo que yo llamo "fachadas de industria"; que lo único que tienen de industria nacional es una fachada, y que en realidad es un proceso industrial extranjero que viene a tener su última etapa en el país, y que a través

79

de las leyes de fomento industrial, con sus exenciones a los impuestos de importación, y con la barrera proteccionista que se establece, pueden hacer pingües negocios los dueños de empresas al permitírseles la libre importación de materias primas, medio procesarlas y aparecer como un producto nacional, cuando en realidad es casi extranjero; pero con la barrera proteccionista, por un lado, que les permite introducir la materia prima, o el producto casi acabado, muchas veces libre de impuestos, tienen Uds. un pingüe negocio y estamos haciendo todo lo contrario de lo que perseguimos; en vez de enriquecer al más pobre, estamos enriqueciendo al más rico y cargando sobre el consumidor más pobre.

Ahora, la misma agricultura nuestra nos va a dar bases para muchas industrias, no digamos la silvicultura. Tendremos mataderos, de manera que, en lugar de exportar nuestra producción agropecuaria en pie, vamos a procesarla ya un poco más en Honduras; y en lugar de perder una libra por kilómetro, más o menos, cuando camina un animal; y en lugar de venderlo joven, podemos nosotros tenerlo un año más en nuestros potreros y engordarlo más. Resultarán la industria de tenería, de producción de alimentos para aves y cualquier otra que pueda derivarse de la industrialización de la carne. La misma producción agrícola nuestra (verduras, frutas, etc.) puede dar origen a la industria de conservas, tanto para el mercado centroamericano como para el mercado internacional y nacional. La industria del banano dará origen, al nuevo sistema de exportación en cajas, y solo la industria bananera nuestra, de convertirse totalmente a exportación en cajas y de llegar a producir los 15 millones de racimos que se estiman que van a exportar, necesitará de 45 a 50 mil toneladas de papel *Kraft* para sus cajas de cartón; necesitará aproximadamente 25 millones de cajas de cartón, y toda la demás producción nuestra, exportable o transportable en cajas dentro del país o exportable fuera del país en la actualidad, incluyendo carne, frutas, etc., no llega ni siquiera a dos millones de cajas de cartón, de tal manera que aquí Honduras tiene la doble ventaja de tener los bosques de pino (que es muy importante para la fabricación de papel) de madera uniforme. De allí, pues, que la misma fabricación de cajas de cartón dará origen a una demanda de alrededor de 250 a 300 toneladas de almidón de maíz mensuales, o sea que allí tienen Uds. la misma materia prima nuestra, o sea el maíz, siendo aprovechada para la industria de cajas de cartón en una magnitud considerable.

Si no queremos exportar nuestros frijoles como producto natural, podemos mandarlos como producto deshidratado o de otra manera, y así sucesivamente vendrán siempre, con base en la agricultura, nuestras industrias. Naturalmente, esto no quiere decir que no vendrán industrias usando o elaborando materias primas extranjeras; tendrán que venir, pero yo quiero dejar en la mente de Uds. que ese tipo de industrias, a mi modo de ver, no debemos estimularlo mucho. En algunos casos hemos tenido que acceder a ampararlas bajo la Ley de Fomento Industrial porque el resto de Centroamérica las ha amparado, y entonces si estamos importando productos de esa clase, y aunque a la economía en sí no le hace daño, sí le hace daño al Gobierno al perder ingresos fiscales y no dejar siquiera por esa pérdida de ingresos la poca fuente de ocupación que pudiera dar aquella.

Con esta base que he mencionado, y volviendo de nuevo al factor de mejorar la educación y preparación de nuestro pueblo, llegamos a un programa específico de la infraestructura. A mi modo de ver, la carretera, además de ser un gran medio de transporte, ofrece una gran oportunidad para aumentar los conocimientos de aquellos hombres y mujeres que han estado aislados. Uds. saben lo educativo que puede ser un viaje con solo salir de un pueblo y venir a la capital o ir a San Pedro Sula o ir a una ciudad más grande. El viajero regresa vislumbrando un horizonte diferente; ya ha visto otra cosa nueva; sus ambiciones se le pueden haber despertado: ha visto una cosa diferente. A eso atribuyo yo en gran parte que donde quiera que Uds. vayan, a cualquier villorrio o aldea que vayan, si Uds. le preguntan al vecindario qué es lo que desean que el Gobierno les facilite, generalmente piden escuelas; no saben leer ni escribir, pero ellos se han dado cuenta, con solo haber logrado salir de sus montañas, de sus cerros y venir a conocer cosas nuevas, que ya ellos han comprendido lo necesario que es educar a los hijos. De allí, pues, que la carretera tiene esa otra ventaja: que ayuda a mejorar el conocimiento de nuestro pueblo; es por ello que nosotros trajimos una misión del Instituto Stanford para que nos ayudara a estudiar un programa de diez años de construcción de carreteras.

Los criterios básicos creo que no han cambiado: primero debemos abrir carreteras donde está la población, y hemos sido duramente criticados por no preocuparnos de inmediato por abrir carreteras hacia estas tierras ricas de oriente; es decir, por no venirnos a las montañas de Olancho y del valle del Patuca, sino buscar donde está la población, porque es lo más lógico. Donde hay población hay producción, aunque sea una producción de rendimientos bajos; hay ya cierto ahorro, hay capital, hay casas de habitación, hay cercos, hay ganado, hay tierras limpias, etc. Mientras que si nos vamos a regiones donde no hay población, a lo mejor ni se mueve la población; es decir, si lo vamos a hacer a través de migración espontánea. Entonces tendríamos una carretera sin servir, sin rendir utilidad, mientras el resto de la población estaría aislada, con dificultades para producir y colocar su producción en el mercado. Basados, pues, en que necesitamos estimular la producción agrícola y donde está la población hay ya producción agrícola, y de llegar adonde se encuentran los principales recursos forestales nuestros, entonces esta es la prioridad que se justifica: 1°) la pavimentación de la carretera de Tegucigalpa al Valle de Sula, que se estima en un costo de cincuenta y dos millones de lempiras; 2°) construcción de la carretera de occidente, que comunicará con los mercados principales de El Salvador y de Guatemala; 3°) la carretera Central.

Así tendremos la oportunidad de comunicarnos con los mercados más poblados que hay en Centroamérica, que son Guatemala y El Salvador; fíjense Uds. que es uno de los puntos que me ha llevado a recomendar que seamos participantes de la Integración Centroamericana, pues debemos forzosamente lograr dos desarrollos precisamente por contar con dos mares; 4°) la carretera que nosotros llamamos costera, que empezando en San Pedro y pasando a La Lima, Progreso, de allí para seguir a Tela, La Ceiba y después entrar al valle del Aguán; 5°) se trataría de mejorar la carretera de Occidente a la frontera de Guatemala, pasando por Copán Ruinas; ya existe tráfico allí y únicamente en estación seca.

Estas son las carreteras, digamos principales, y mencionan como la última la de Santa Rosa, Gracias, La Esperanza, como carretera principal, con lo cual nosotros estamos más o menos de acuerdo. Además de estas carreteras habría una serie de caminos vecinales que tendrán que entrar a las zonas productoras del país. Deseamos gastar en esa clase de caminos alrededor de 2 millones de lempiras al año.

Otro aspecto o factor de desarrollo será la Reforma Agraria, que incrementará la producción y mejorará la distribución del ingreso. Naturalmente, toda Reforma Agraria implica una modificación en la tenencia de la tierra y hacia allá vamos; primero debemos ver que la tierra entre a producir para servicio de todos y que entre la tierra que esté ociosa o inculta, en manos de gente que por una razón u otra no la puede trabajar (por falta de capacidad o falta de capital), que pase a manos de aquellos que pueden trabajarla.

Pero analicemos nosotros por qué una parte de la tierra permanece inculta; analicen Uds. y van a encontrar en primer lugar que no había vías de comunicación; en segundo lugar, nuestras eternas y mal llamadas revoluciones: pasaba un ejército revolucionario y dejaba barrida aquella tierra; venían los otros y lo poco que habían dejado aquellos lo acababan; después, hasta hace unos quince años, los hijos de los dueños de propiedades, de los dueños de haciendas, venían a estudiar Abogacía, Ingeniería, Medicina, pero casi nadie iba a estudiar agricultura. De tal manera que los hijos de aquellos agricultores, en lugar de quedarse en sus tierras, emigraban hacia otras actividades y el que se quedaba en la finca era prácticamente incapaz. Todavía van a oír muchos aquí en Tegucigalpa que dicen que irse a meter a un pueblo pequeño, a una cabecera departamental, es retrasarse, sin pensar que cada cual se retrasa si quiere retrasarse, esté donde esté; las oportunidades de educarse, sobre todo con los medios de educación modernos, existen donde quiera. Llegamos, pues, al momento de la Reforma Agraria y entramos porque necesitamos, primero, que todas esas tierras pasen lo más pronto que sea posible a producir; pero no a producir solamente por el hecho de que debe botarse un bosque. De allí, pues, que a través de la Reforma Agraria el Gobierno quiere atacar el problema integralmente: tenencia de la tierra, educación, créditos y comercialización.

Dentro de la Reforma Agraria está también la asistencia técnica, que de nuevo vuelve al punto básico de todo desarrollo económico, que es el mejoramiento de los conocimientos de nuestro pueblo, y este es un punto importante porque de nuevo acuérdense que lo que nos va a hacer progresar es la productividad: que nosotros aumentemos nuestro rendimiento. Otra cosa no nos va a hacer progresar porque podemos distribuirnos la riqueza. En cuanto a energía eléctrica, en septiembre del año entrante a más tardar funcionará la primera etapa del proyecto Yojoa–Río Lindo, que va más que a duplicar la capacidad generadora instalada en Honduras; y en 1964 empezaremos la segunda etapa, que se llama San Buenaventura, para ponerla en producción alrededor de 1966. La demanda de energía eléctrica está creciendo a tasas mucho más rápidas que las que se previó cuando se hizo el estudio final de Río Lindo.

Y por último llegamos a otro de los medios que nosotros hemos usado y seguimos usando activamente para estimular el desarrollo de la producción agrícola e industrial, y es el Programa de Integración Económica Centroamericana; ahora creo que ya nadie se atreve a negar las ventajas y los beneficios del programa para países como nosotros; en un tiempo sí fuimos duramente criticados el Gobierno y algunos de los que hemos participado en esto, por patrocinar esta idea;

pero fíjense Uds. que la base para toda industrialización es precisamente contar con mercados; si no se cuenta con mercados no se puede industrializar un país y aquí en Honduras comprendamos que nosotros con nuestras industrias, no vamos —ni lo harán otros países de Centroamérica— a salir a competir al mercado internacional; porque nos ganan las plantas de producción que existen en Europa, Estados Unidos, Japón, etc. Entonces tenemos que buscar el mercado con raras excepciones, por ejemplo, el de pulpa y papel, por estar bien dotados por Dios para hacer competencia en el mercado internacional. Ahora el efecto lo están viendo ya Uds., y no voy a hablar de la producción agrícola a pesar de que Honduras está supliendo gran parte del déficit del resto de Centroamérica. En el primer semestre de este año, Honduras ha exportado 13 millones de lempiras al resto de Centroamérica, o sea un valor igual al que exportó en los primeros nueve meses del año pasado; es decir, en seis meses hemos exportado lo que exportamos el año pasado en nueve meses, y creemos que haremos alrededor de 22 millones de lempiras de exportación al resto de Centroamérica e importaremos alrededor de 14 a 15 millones de lempiras; y quiero decirles que sinceramente el Mercado Común Centroamericano es una de las fuerzas más dinámicas que está en el momento actual empujando el desarrollo de Honduras, tanto el agrícola como el industrial. En el transcurso de uno o dos años después de que se firmara el Tratado de Asociación Económica, cuando Guatemala, El Salvador y Honduras nos decidimos ir a un paso más rápido que el resto de Centroamérica, los industriales han cambiado completamente de opinión y en parte yo lo atribuyo al hecho de que los industriales fueron los que más atacaron el Programa de Integración, o por lo menos la participación de Honduras en el Programa, a no ser en las condiciones que cada uno de ellos decía que debíamos participar. Entre las empresas que se han beneficiado de la Integración Económica Centroamericana se encuentran La Blanquita, que está exportando en este año a Centroamérica más de 2 millones de lempiras, y Cementos de Honduras el 46 o 74% de su producción, que destina en parte a Belice. Cementos de Honduras en la actualidad va a hacer una inversión alrededor de 2.5 millones de dólares para expandir su producción con el fin de hacerle frente a la demanda centroamericana. La única razón de exportar es para satisfacer al consumidor: si nosotros no tuviéramos necesidad de consumir, si el resto de la humanidad no tuviera necesidad de consumir, nosotros no produciríamos. En el programa de Integración, otra de las metas que nosotros buscamos es proteger al consumidor a través de la competencia, tanto dándoles productos de mejor calidad como productos de más bajo precio; y Uds. van a oír que todas las críticas contra el Programa de Integración generalmente descansan en eso: que los salvadoreños venden más barato porque su mano de obra es más baja; que los guatemaltecos venden más barato porque tienen más capital, mejores carreteras, porque la energía eléctrica es más barata; muchas causas, en fin, pero en el fondo es que los otros están vendiendo más barato y en realidad puede ser que vendan más barato porque sus plantas son más modernas, porque las administran mejor, o por cualquier otra razón; de allí que el Mercado Común Centroamericano sea uno de los instrumentos que nosotros estamos utilizando y creo que no se detiene ya.

Para estimular ese desarrollo, tanto agrícola como industrial, pero más que nada el industrial, necesita —porque de otra manera no se desarrollaría— de ese Mercado Común Centroamericano y tan es así que se ha llegado a confundir Integración con Desarrollo Industrial.

Después, llegamos nosotros a la movilización de recursos internos; el Gobierno está muy interesado en ver cómo estimula la movilización de recursos internos, podríamos seguir toda la noche y meses venideros hablando de las inversiones que tiene que hacer la iniciativa privada al sentirse estimulada por todas estas medidas y obras que el Gobierno va a hacer, de tal manera que el país —tanto el sector público como el sector privado— necesitarán de grandes recursos que tendremos que ver cómo multiplicar a través de incentivos para el ahorro; porque los economistas tenemos que recordar que el desarrollo tiene que basarse en la inversión sobre ahorro; no importa que sea ahorro extranjero, que traemos a través de base de préstamos, o base de inversión de capital privado o ahorro nacional; pero no podemos nosotros basar el desarrollo a base de crédito; es decir, indefinidamente tiene que haber ahorro.

Tenemos que aumentar la producción, pero también ver que esa producción sea mejor distribuida de lo que ha venido siendo hasta hoy, y precisamente lo vamos a atacar. La idea, pues, es estimular la producción hasta donde sea posible, pero al final de la producción debe tributarse para que el Gobierno cuente con recursos para poder atender a los gastos de inversión en obras y servicios.

Debemos preocuparnos también por el mejoramiento de los administradores de la cosa pública; pues si una empresa como esta va a tener éxito, tiene que estar manejada cada día por gente mejor preparada, por gente que haga del servicio público su carrera, por gente que sea escogida principalmente a base de méritos y capacidad, y eso no deja de ser una lucha. Estamos luchando por mejorar eso y yo sé que este Gobierno ha mejorado si se compara con épocas anteriores; no hemos llegado a la perfección, y estamos muy lejos de ella, pero yo sí creo que vamos mejorando. A través del voto, a través de su influencia, podemos ir haciendo obra para que la administración caiga cada día más en manos de mejores gentes, de gente que haya recibido más conocimientos, que tenemos que mandar a entrenarlos fuera, y sobre todo que se vaya olvidando un poco de la selección por causas que no sean la capacidad, honestidad, preparación, idoneidad, etc.

Eso es muy importante, porque de nada sirve que estemos todos los hondureños luchando si la administración no está en manos de gente que sea capaz; puedo decirles que creo que vamos mejorando en ese camino y que creo que poco a poco ese camino de los hondureños no se desandará, sino, al contrario, que día a día nuestra administración pública se va a ir mejorando.

Para terminar, antes de agradecerles su atención, quiero hacer énfasis en que yo tengo una gran fe en el desarrollo y el futuro de nosotros mismos, de nuestro pueblo; creo que somos un pueblo tan bueno como el mejor, y que pese a que existen orientadores de la opinión pública que quisieran destruirnos, que constantemente nos están diciendo que somos los últimos y que somos lo peor, yo creo que hemos demostrado tener buena madera al aguantar todo ese bombardeo constante de profecías de calamidades.

Entonces nosotros debemos tener confianza en nosotros mismos, porque cualquier desarrollo económico que se planifique requiere fe de parte del pueblo. Si el pueblo tiene fe en sí mismo, y está decidido a hacer los sacrificios que se requieran y a trabajar hasta matarse, ese pueblo se desarrollará.

Naturalmente que eso es la base; al fin y al cabo, nosotros podemos tener el mejor valle y, si nadie lo quiere trabajar, si nadie está dispuesto a trabajarlo, ese valle no produce; y por otro lado, si tenemos un cerro con muy mala tierra, pero si hay gente que quiera trabajar y sacrificarse, ese cerro produce y aquel valle no.

Les vuelvo a decir: somos nosotros mismos los que vamos a desarrollar este país y de nosotros, y más que nada de Uds., que van a ser la clase dirigente, ese tres por mil que en la actualidad tiene la educación universitaria, que no se crean que son los hombres de hoy. Uds. son los muchachos universitarios de hoy, pero van a ser los hombres del mañana, los que van a desarrollar el país; deben tener gran fe en Uds. mismos, en Honduras, y estar dispuestos a hacer todos los sacrificios que sea posible para adelantar; si no estamos dispuestos a hacer los sacrificios, todo lo que programe el Consejo Nacional de Economía, lo que hagamos nosotros, lo que haga la empresa privada, será un fracaso y continuaremos subdesarrollados.

LAS PERSPECTIVAS HISTÓRICO-SOCIALES DE LA INTEGRACIÓN ECONÓMICA CENTROAMERICANA

Marco Virgilio Carias[16]

Trasfondo Histórico

La sociedad de Centroamérica durante la dominación española era de tipo feudal; así prevaleció hasta las últimas décadas del siglo pasado y algunas de sus características persisten en el presente.

La economía colonial era predominantemente agrícola, con el carácter de autosuficiente que era común a las grandes haciendas y a las pequeñas explotaciones. Prevalecía la dispersión de las pequeñas unidades económicas y los pequeños mercados locales, es decir, la dispersión feudal; no existía un mercado centroamericano; en las provincias había tendencia a un débil mercado interno que más tarde les daría, en parte, su unidad nacional.

Esta falta de mercado centroamericano puede atribuirse, en primer lugar, al colonialismo español, que al orientar la exportación únicamente hacia la metrópoli, no permitió el surgimiento de lazos económicos de tipo comercial entre sus colonias, a las que impuso un desarrollo en función de un mercado externo; y luego, a las condiciones geográficas y a la baja densidad y dispersión demográfica, que constituían serios obstáculos a la intercomunicación de las provincias, obstáculos que no pudieron ser vencidos debido al bajo nivel de desarrollo feudal de las fuerzas productivas.

Puede decirse que durante el período colonial las provincias que formaron el llamado Reino de Guatemala adquirieron tres de los cuatro rasgos esenciales de una nación: la comunidad de idioma, de territorio y de psicología, faltándoles la comunidad de vida económica. Esta falta de comunidad de vida económica tuvo posteriormente fatales consecuencias, siendo un factor en la desaparición de la efímera Federación Centroamericana.

[16] Economía Política Año III abril-septiembre No 7 y 8. pp. (39-49)

El carácter de autarquía en la economía, la dispersión demográfica, llevó al aislamiento y al separatismo, que bien podemos decir con Sarmiento[17] "Centroamérica ha hecho de cada aldea una nación", al ver que prevaleció el regionalismo sobre los ideales unionistas.

Al inicio de la Federación, la agricultura comercial, y el comercio, que luego habría de desarrollarse en función de aquella, estaban apenas en embrión y ellos la clase media y capitalista centroamericana.

La falta de mercados nacionales orientó la producción hacia afuera del área centroamericana, o sea que persistió la tendencia al separatismo y, como no se desarrollaba la comunidad de vida económica, se continuó dependiendo, en forma acentuada, de un mercado exterior.

La economía esencialmente agrícola de los países centroamericanos prevalecía caracterizada por el casi total estancamiento en el desarrollo de la agricultura para el consumo interno, que permanecería a un nivel de economía de casi subsistencia, en manos del minifundio y la pequeña propiedad. En cambio, la agricultura para la exportación se desarrolló con base principal en las grandes haciendas y en las plantaciones, constituyendo estos tipos de explotación el sector de la acumulación de capital para el desarrollo de los países.

Durante la época colonial, en Centroamérica, se habían formado grandes propiedades de tipo feudal; esta tendencia a la concentración de la tierra continuó en el período de la independencia, y para la penúltima década del siglo XIX la naciente clase terrateniente de algunos países —en los cuales la disponibilidad económica de la tierra era escasa y los ejidos eran un obstáculo a su expansión— había adquirido la suficiente fuerza económica y política para terminar con esta institución. Así, en Guatemala se permitió la venta de terrenos ejidales, pero fue en El Salvador donde, debido a la expansión de la agricultura comercial y a lo reducido de su territorio, la extinción de los ejidos se llevó a cabo en forma completa y tuvo como efecto que la tierra que era utilizada por el campesinado para la producción de alimentos básicos, siendo el fundamento de una economía de subsistencia, cambiara de uso al destinarse a la producción de artículos de exportación. Mientras que en los países restantes de

[17] Domingo F. Sarmiento citado por H. Herrarte en Centro América. Tragedia y Esperanza. Editorial del Ministerio de Educación. Guatemala 1956, pág. 173.

Centroamérica, si bien prevaleció el ejido, este se constituyó ya en tierras marginales.

En Honduras, debido al lento y tardío desarrollo de la agricultura comercial para la exportación y a la abundancia de tierras, los terratenientes al principio se contentaron con la apropiación de las tierras del Estado y de la Iglesia; con el tiempo, si bien legalmente se protegía y estimulaba el ejido y la finca familiar, al ir adquiriendo la tierra un mayor valor económico se volvió más apetecida y, en el proceso de competencia, el poder económico y político de los terratenientes y comerciantes serían los determinantes principales de la distribución de la tierra. Si bien es cierto que la ley dejaba campo a las grandes empresas, a los ejidos y a la finca familiar, son los terratenientes y comerciantes nacionales, con buena posición económica y política, y posteriormente también las grandes compañías extranjeras, quienes denuncian terrenos baldíos y logran concesiones de grandes extensiones de tierra.

Los municipios obtuvieron terrenos ejidales sobre los cuales se ha desarrollado la pequeña propiedad que el crecimiento demográfico ha ido pulverizando y de los que, además, han acaparado en parte los terratenientes, primero para arrendarlos a los mismos campesinos y últimamente dedicarlos a cultivos comerciales. Las tierras reservadas para lotes de familia quedaron sin utilizar o cayeron en manos de grandes propietarios.

Pero el desarrollo de la agricultura comercial para la exportación no solo necesitaba de la concentración de la tierra; se necesitaba fundamentalmente iniciar la formación de capital. Esto se logra mediante la explotación del recurso más abundante, es decir, el trabajo barato subempleado en el minifundio, en la economía de subsistencia; se logró iniciar la formación de capital a través del uso más intensivo del trabajo a nivel de las grandes haciendas y las plantaciones establecidas en el país.

En el proceso de acumulación de capital es importante distinguir el grado en que lograron los diferentes países desarrollar una agricultura comercial a través de compañías extranjeras.

En El Salvador, el proceso de concentración de la tierra y la formación de capital, mediante el uso más intensivo de la disponibilidad de trabajo barato y su explotación, fue llevado a cabo principalmente por los grandes terratenientes y comerciantes salvadoreños.

Honduras presentó el caso opuesto, ya que fueron las compañías extranjeras quienes desarrollaron la agricultura comercial para la exportación. Estas empresas, mediante concesiones, ocuparon la zona más fértil, plana y mejor localizada para la exportación y simultáneamente destruyeron el embrión de la agricultura comercial de nacionales, que estaba desarrollándose al norte del país. Esta temprana intromisión del capitalismo extranjero, cuando apenas estaban brotando los gérmenes de una agricultura comercial nacional, detendría su crecimiento al quitarle las tierras de mejor calidad y, principalmente, al absorber la fuerza de trabajo barato que esta necesitaba para la formación de capital, que es el elemento base para el desarrollo.

En los restantes países centroamericanos, el desarrollo de la agricultura comercial para la exportación se llevó a cabo por nacionales y extranjeros. El grado en que la agricultura comercial y el comercio para la exportación estuvieran en manos extranjeras determinaría la menor o mayor acumulación de capital y esto, a su vez, incidiría en el desarrollo de los países.

La Integración Económica Centroamericana
1. Los problemas económicos y sociales de Centroamérica

Centroamérica es una región subdesarrollada; contando con recursos humanos y naturales, hay hambre, desocupación, deficiencias de vestuario, déficit de viviendas, analfabetismo y enfermedades endémicas.

Las fábricas son pocas; las disponibilidades de fuerza motriz y eléctrica son bajas; las vías de comunicación son reducidas en número e inadecuadas; es bajo el número de hospitales y centros de educación superior. Sus exportaciones están formadas principalmente por materias primas y, por lo general, la producción y la exportación de estas están, en parte, en manos de compañías extranjeras, lo que produce un monocultivo y, dentro de estos centros de monocultivo, existe un casi monopsonio.

Lo descrito es un estado de cosas tradicional, pero el presente se diferencia del pasado en la actitud frente a esta situación; si antes esta era aceptada, ahora no lo es, ante la conciencia de que tales males no necesariamente obedecen a un orden natural de las cosas. Se sabe que hay una solución y se desea un cambio rápido del estatus de países subdesarrollados a países desarrollados.

Los problemas fundamentales, sin resolver los cuales es imposible alcanzar la categoría de países desarrollados, son:

a) una estructura agraria defectuosa,

b) el problema demográfico, y

c) la dependencia económica con respecto a los Estados Unidos de Norteamérica.

a) Estructura agraria. Los países centroamericanos son esencialmente agrícolas, de donde cabe esperar que los problemas económicos y sociales se originen en el agro.

La principal característica de la agricultura centroamericana es el elevado número de campesinos que no son dueños de la tierra que trabajan. En todos los países centroamericanos, excepto Costa Rica, el porcentaje de las explotaciones arrendadas y ocupadas ilegalmente es superior al 25%, siendo en Guatemala donde se presenta el porcentaje más alto (40%). Los componentes de la estructura agraria en los cuales se polarizan los problemas son el minifundio y la gran propiedad; por tanto, a ellos dedicaremos el mayor interés.

El minifundio. Por su número y por ser la fuente de vida y trabajo de la mayor parte del campesinado, tiene gran importancia económica y social.

En estas explotaciones se hace el uso más intensivo de la tierra; de la superficie que ocupan, destinan más del 80% a cultivos transitorios y permanentes para proveer los medios de subsistencia. Además, representan el mayor porcentaje de los totales de fincas y disponen de la menor proporción de la superficie bajo explotación; cuentan con un alto porcentaje de mano de obra con ocupación disfrazada o subempleada, dadas las limitaciones de la extensión superficial de las fincas.

La gran propiedad es el extremo opuesto del minifundio; concentra el mayor porcentaje de la tierra, de la cual destinan menos de un 28% a cultivos, subutilizando grandes extensiones que dedican a la cría extensiva de ganado vacuno.

De estas explotaciones, algunas han alcanzado cierto grado de desarrollo capitalista; especialmente en El Salvador, en donde 748 fincas, el 36% de las explotaciones de este tamaño, se dedican al cultivo comercial del café y algodón. De la fuerza de trabajo que utilizan, un 91% es asalariada. Además, es en estas explotaciones donde cabe esperar el mayor uso de fuerza mecánica, especialmente cuando se dedican al cultivo del algodón.

De la comparación de las someras consideraciones hechas sobre el minifundio y la gran propiedad puede resaltarse el punto donde residen los grandes problemas del agro. En primer lugar, se tiene el problema del desperdicio y subutilización de los recursos, pues mientras en el minifundio el tamaño de la explotación no permite el uso pleno de la mano de obra, en la gran explotación se subutiliza la tierra y se tienen ociosas grandes extensiones de ella. Los bajos ingresos del minifundio se destinan para perpetuar año con año la vida mísera del campesino y renovar el ciclo de producción al mismo nivel tradicional.

b) El problema demográfico. Tiene gran importancia en los países centroamericanos, ya que se está operando un rápido crecimiento de la población y una urbanización en camino de acentuarse. Este proceso de urbanización se debe en gran parte al crecimiento de las zonas rurales que, al tropezar con la escasez de tierra debido a su concentración y a su falta física en algunos casos, han tenido que buscar nuevos horizontes en las ciudades. Este movimiento migratorio del campo a la ciudad da origen a serios problemas, pues en las ciudades el desarrollo de las actividades no agrícolas no ha sido lo suficientemente rápido ni siquiera para proporcionar ocupación al crecimiento natural de la población urbana.

Todo esto tiene por resultado un aumento creciente de la desocupación, lo que tiende a agravarse con las condiciones económicas y sociales dentro de las que se opera la industrialización, la mecanización de la agricultura y la concentración de los medios de producción en Centroamérica.

En cuanto al problema de alimentos para una población en crecimiento, depende en gran parte de la producción del minifundio, el cual, dadas sus características, es incapaz de aumentar la oferta de alimentos a una tasa suficiente para satisfacer las necesidades de dicha población, sobre todo cuando la demanda es mayor de alimentos protectores cuya obtención requiere por lo general más tierra por unidad.

c) Dependencia económica con respecto a los Estados Unidos de Norteamérica. Los países centroamericanos dependen, en gran medida, del mercado de los Estados Unidos, hacia donde exportan la mayoría de sus productos, que son de origen agrícola y están sujetos a las características de la oferta y demanda propias. Esto se ha manifestado en los últimos años en una baja de los precios, que en el caso de los países exportadores de café ha repercutido desfavorablemente en sus economías.

Tan grave como lo anterior es el hecho de que una parte importante de la producción para la exportación está en manos de empresas extranjeras. Esto tiene efectos negativos sobre la economía de muchos países, por ser la causa de la fuga al exterior del excedente, bajo forma de dividendos e intereses.

2. Fundamentos teóricos de la integración

Integración económica o unión económica significa *"constituir una unidad de dos o más regiones o naciones, mediante la eliminación de los obstáculos al libre movimiento de bienes, servicios y factores entre ellas y a los pagos internacionales, el perfeccionamiento del mercado común y la uniformidad de políticas"[18].*

Se considera la unión económica como completa cuando los países llegan a uniformar sus políticas, pero antes, por lo general, pasa por varias etapas y serios desajustes en la estructura económica de estos.

Tales etapas son:

1°) **Mercado común o zona de libre comercio**: eliminación de tarifas arancelarias y de otras barreras entre los países que integran la unión económica;

2°) **Unión Aduanera**: la eliminación de tarifas y barreras arancelarias de los países entre sí y una información de aforos y medidas de política comercial frente a países extraños; y

3°) **Unión económica**, que se logra con la realización de la etapa anterior y la eliminación de los obstáculos al movimiento de factores, pudiendo reforzarse mediante la unificación de las políticas monetarias, fiscal, comercial y social.

Supuestos Básicos

a) Se supone que es posible lograr costos marginales decrecientes en las industrias, ya que, en los cinco países, al ensancharse la demanda, cada uno se especializaría en los productos para los cuales está mejor dotado, teniendo que abandonar dicha actividad aquellos productores menos eficientes; y con ese ensanchamiento de la demanda se espera que aumente la oferta. Lo anterior se cree especialmente cierto para los países atrasados, que debido a la pequeñez de su mercado no justifican la producción en gran escala, quedando está a niveles bajos y con costos elevados. Siguiendo con las suposiciones, al bajar los costos, bajarán los precios, con lo cual se beneficiaría la población que logrará un mayor bienestar económico con el mismo ingreso monetario.

La caída de los precios se logra al concentrarse cada renglón de producción en el país relativa o absolutamente más eficiente, y

---

[18] Banco Central de Honduras. - Fundamentos Teóricos de la Integración: Económica. - Tegucigalpa, D C.- Enero 1959.- Págs. 2 y 3.

cuando se obtienen costos decrecientes debido a las economías internas y externas de la producción en gran escala.

b) También se supone que los impuestos sobre la producción o el ingreso de las industrias y ocupaciones, siempre que los graven uniformemente, no afectan los supuestos de los efectos del libre comercio.

c) Para que la integración sea provechosa se supone que debe haber un movimiento de la producción hacia las áreas de bajo costo, lo que ocurre cuando el costo agregado por los aranceles y otras barreras es superior a la diferencia de costos de producción y transporte, todo lo cual da lugar a un mejor uso de los recursos.

d) Para que la integración sea provechosa es necesario que exista una diferencia fundamental entre los países participantes en la dotación de recursos, principalmente los naturales.

e) Asimismo, para que la integración sea provechosa para todos los países, su grado de desarrollo debe ser semejante, pues si uno ha alcanzado un grado mayor, aun sin tener la localización más eficiente, puede desarrollar la producción de mayor número de artículos; es decir, en él tenderá a concentrarse la producción, lo que por supuesto perjudicará a los otros países. Es por esto que, para evitar trastornos serios, se usa la liberalización gradual del intercambio interregional.

f) Las diferencias en política fiscal, crediticia y laboral pueden influir en el movimiento de capital y, por lo tanto, en el desarrollo artificial de la industria.

3. Objetivos y pasos dados

El objetivo fundamental de la Integración Económica Centroamericana es lograr un desarrollo económico mayor y más rápido, es decir, viene a ser una solución al lento crecimiento de la economía de los países centroamericanos para poder responder a los apremiantes problemas sociales, económicos y demográficos que cada día se agudizan.

Se ha supuesto que la escasa dimensión de los mercados nacionales ha sido el principal obstáculo para el aumento de las inversiones en actividades productivas, obstáculo que quedaría eliminado al superarse las limitaciones del mercado mediante su ensanchamiento a través del libre comercio entre los países del istmo.

En esta forma se espera:

a) aumentar el nivel de ocupación en las empresas existentes;

b) crear nuevas fuentes de ocupación;

c) utilizar racionalmente el potencial humano y los recursos naturales;

d) diversificar y tecnificar la agricultura;

e) promover el desarrollo industrial;

f) incrementar la productividad y reducir costos, lo que tenderá a la baja de los precios en beneficio de los consumidores;

g) estimular la inversión de capitales nacionales y extranjeros en la región;

h) estimular el establecimiento de más instituciones de crédito;

i) incrementar el número de consumidores y el poder adquisitivo de los mismos.

Para lograr los objetivos mencionados ya se han ratificado los siguientes convenios: el Tratado Multilateral de Libre Comercio e Integración Económica Centroamericana; el Convenio sobre Régimen de Industrias Centroamericanas de Integración; el Convenio Constitutivo del Banco Centroamericano de Integración Económica; el Convenio Centroamericano sobre Equiparación de Gravámenes a la Importación; y ha sido ratificado el Convenio sobre Equiparación de Incentivos Fiscales al Desarrollo Industrial (excepto Honduras). Están en estudio: el Código Aduanero Uniforme Centroamericano, el Código Portuario y el Código Marítimo. Además, se ha recomendado el estudio de los problemas demográficos, de la fuerza de trabajo, de los aspectos sociales del desarrollo de la agricultura —en especial las formas de tenencia de la tierra y las condiciones del trabajo agrícola[19]— y se ha sugerido prestar especial atención a las condiciones básicas de los costos industriales, políticas de salarios, legislación social y distribución del ingreso, con vistas a su equiparación desde el punto de vista del mejoramiento del nivel de vida centroamericano.

Al analizar lo anterior, se ve claramente cómo los primeros pasos que se han dado son para estimular en primer lugar al capitalista; es decir, que estos serán la clase que dirigirá el desarrollo de Centroamérica. Los problemas y el aporte que puedan dar los obreros y el campesinado ocupan un lugar secundario.

En otras palabras, la integración se basará en la empresa privada, en la competencia y el lucro, lo cual le dará el rumbo a la política económica y social de la integración.

4. Realidad centroamericana y supuestos teóricos

---

[19] Realizado por los Institutos de Investigaciones Socioeconómicas de las Universidades de Centro América.

Los supuestos en que se basa la integración difícilmente pueden cumplirse, pues no se ajustan a la realidad; así se tiene que:
a) El supuesto fundamental implícito —el de la libre competencia entre empresas— no se cumple, y si lo hace, es en las primeras fases del capitalismo; lo que puede esperarse es el monopolio y la competencia   monopolista.
b) Bajo la competencia entre países, el desarrollo desigual de los países centroamericanos tenderá a acentuarse. La uniformación de tarifas, legislación y política fiscal, monetaria, etc., siempre dejará en la misma posición de ventaja a los países ya más desarrollados, pues no debe perderse de vista que bajo el capitalismo —que es guiado por el espíritu de lucro— no existe la cooperación: cada país tratará de lograr   los   mayores   beneficios,   y   en   esto   el   más   fuerte económicamente   estará   en   ventaja.
c) El supuesto de que, al lograrse costos marginales decrecientes mediante la producción en gran escala, se llegará a una reducción de los precios, beneficiándose la población que así logrará un mayor bienestar económico con el mismo ingreso monetario, no se comprueba en la realidad, ya que el mismo hecho de aumentar la escala de producción implica una mayor inversión y un menor número de empresas a una escala mayor. Esto reduce la competencia, al hacer factible que un menor número de empresas llegue a acuerdos sobre áreas de mercado y precios, eliminando así la competencia.

5. Consecuencias y perspectivas históricas de la integración
a) Consecuencias.

Debe aceptarse la integración económica centroamericana como un hecho inevitable del proceso histórico, el cual no puede retroceder.

Las consecuencias de carácter económico, político y social de la integración económica pueden resumirse a grandes rasgos así:

1°) Conducirán a la integración de un mercado centroamericano que será la base de la unión de Centroamérica, al proporcionar el elemento cuya ausencia ocasionó la desintegración al poco tiempo de lograrse la independencia de las entonces provincias de la Capitanía General de Guatemala; es decir, se logrará la comunidad económica.

Este mercado dará lugar a la ampliación de la producción y al desarrollo del capitalismo, transfiriendo al mismo tiempo una mayor proporción del poder político que ahora detentan los terratenientes a los industriales, quienes dirigirán la integración.

2°.) Las necesidades mismas del desarrollo llevarán a una mayor dependencia con respecto a Estados Unidos, ya que se necesitarán mayor número de préstamos e inversiones privadas extranjeras debido a la política que se sigue.

3°.) Como una consecuencia del mayor nivel de desarrollo que se alcanzará y del mayor peso de una Centroamérica unida, se le darán a estas mayores posibilidades para liberarse del tutelaje en caso de llevarse a cabo un proceso revolucionario.

4°.) El desarrollo capitalista en la industria y la agricultura, por un lado, llevará a una mayor acumulación de capital y a su concentración en pocas manos, mientras que por otro se formará un proletariado urbano-rural. Esto no será un proceso nuevo, sino la agudización del ya existente, pues fácil es prever la eliminación del artesano y del campesinado independiente debido al desarrollo de la industria y la mecanización de la agricultura.

5°.) La formación de un mercado interno reorientará el destino de la producción, en especial la agrícola, pues juntamente con la agricultura para la exportación se desarrollará una agricultura para abastecer el mercado centroamericano, tanto de alimentos como de materias primas para la industria regional.

6°.) La agricultura seguirá siendo la base del desarrollo, aunque en otro plano, pues de ella continuará surgiendo el excedente para el desarrollo del país, la mano de obra y la materia prima para la industria, y los alimentos para la creciente población urbana.

7°.) El ingreso en la agricultura tenderá a aumentar a causa del cambio y aumento en la producción, pero los términos de intercambio con el resto de la economía desmejorarán debido al aumento del precio de productos manufacturados para el consumo y la producción por el aumento de aranceles.

8°.) La industria tenderá a localizarse en los países que actualmente están más desarrollados y en aquellos que dispongan de materias primas que determinen su localización.

b) Perspectivas históricas

La integración ha surgido como una respuesta al lento crecimiento económico; acelerando este, se espera enfrentarse con éxito a los grandes problemas del crecimiento demográfico, tecnológico y social. Cabe ahora preguntarse si la clase dirigente tendrá la habilidad y capacidad para enfrentarse a los grandes problemas, si es capaz de introducir en el sistema los cambios institucionales necesarios, es decir, darle al sistema la libertad y flexibilidad necesarias para permitir la innovación siempre que sea necesario y orientar la política en tal forma que sea una respuesta a los problemas del pueblo.

Como punto de partida diremos que la integración terminará por definir en forma más precisa las dos clases que no hace mucho tiempo estaban en un estado incipiente, es decir, la clase capitalista y la trabajadora.

Se observa actualmente que la clase terrateniente ha ido cediendo el poder económico y político a la capitalista comercial y financiera, con quienes lo ha compartido, pues sus intereses son comunes. Créanse así, con este proceso, las bases de una élite industrial que cada vez ha ido tomando más fuerza hasta convertirse, de copartícipe del poder económico y político, en su orientadora, pues no otra cosa explica el proceso de integración que beneficiará especialmente a este grupo.

Con intereses opuestos crece el proletariado urbano y rural, al desaparecer la producción en establecimientos artesanales y al convertirse la hacienda en explotación capitalista. Asimismo, el crecimiento de la población en el campo, ante la disponibilidad fija de la tierra, da lugar al aumento del minifundio y con él a un fuerte sector de campesinos pobres —que es el grupo más numeroso— y al éxodo de parte de estos hacia las ciudades, en donde el insuficiente crecimiento de la economía hace imposible su absorción en actividades económicas, dando lugar a un crecimiento rápido de la desocupación en todas sus formas, a la ocupación disfrazada y al crecimiento de los barrios pobres.

Hay dos pasos fundamentales para obtener las condiciones necesarias para iniciar la marcha hacia el desarrollo económico: a) Reforma Agraria; y b) Independencia Económica.

A. Reforma agraria:

Siendo la Reforma Agraria la base para regular la presión de la población sobre la tierra, al impedir o limitar el flujo de la emigración rural hacia las ciudades y al dar ocupación, en forma económica, a la población que permanece en el campo, permitirá que el desarrollo industrial absorba con mayor facilidad el crecimiento de la población urbana. El significado de la Reforma Agraria adquiere mayores relieves si se toma en cuenta su posición vital en la economía.

Una política orientada únicamente por el interés de los terratenientes, comerciantes e industriales tiene repercusiones fundamentales. Vemos que la clase capitalista es quien da la solución al problema del lento desarrollo económico mediante la suma de cinco mercados nacionales, sin hacer énfasis en el otro aspecto fundamental: la distribución y el nivel del ingreso, que, en

Centroamérica, por el carácter de países de estructura agrícola, depende de la distribución de la tierra.

La estructura agraria de los países centroamericanos incide en el bajo aprovechamiento y explotación del factor tierra y, si se recuerda que los intereses de los terratenientes y capitalistas están íntimamente entrelazados, no puede esperarse que se realice una Reforma Agraria profunda, que es el primer paso para resolver el problema vital del minifundio y del campesino sin tierra, que vive en la miseria.

B. Independencia económica:

El desarrollo depende, en gran parte, del excedente (ahorro corriente) y, si bien este es relativamente bajo en la actualidad, tiene una gran capacidad potencial de aumento si se toma en cuenta el gasto anual en importación de bienes suntuarios (automóviles, televisores, etc.), en construcción de residencias lujosas, en mantenimiento de un recargado aparato burocrático y de ejércitos innecesarios. Pero esto representa los gustos, intereses y la fuerza que sustenta el poder de las clases dominantes, no dispuestas a sacrificar estos en aras de la realización del desarrollo económico con los recursos internos de Centroamérica, lo que permitiría su independencia, y se continúa, para su financiamiento, con la política de préstamos del exterior.

Esta política busca justificación en el hecho de que estos países, siendo pobres, no tienen capital, y trae como consecuencia la dependencia de los préstamos de los Estados Unidos, lo que da a este país un arma de presión para convertir el mercado de la integración económica centroamericana en uno norteamericano; en un mercado en el cual podrá el capitalista extranjero, al traer su industria, protegerse de la competencia de otros países económicamente fuertes y aprovechar la mano de obra barata.

Si para impulsar el desarrollo económico centroamericano es necesaria la ayuda extranjera, esta podría reducirse a un mínimo mediante un mejor uso del excedente que ahora se logra, orientando este a fines productivos, paralelamente con una mejor utilización de los recursos naturales y humanos. Pero esta reorientación y mejor aprovechamiento de recursos conllevan la necesidad de reformas estructurales que afectarían a la clase dominante, de donde es ilógico esperar su realización.

Todo esto tiene como consecuencia, en el campo político, la continuación de Centroamérica bajo la égida de los Estados Unidos y, por la retribución de los préstamos e inversiones extranjeras, la fuga del excedente en forma de intereses y ganancias de compañías extranjeras, cuyo corolario —la limitación del desarrollo económico— persistirá.

Conclusiones

1. El aumento en el nivel de ocupación, que se espera como resultado de una tasa más alta en el crecimiento de la industria, no será lo suficiente como para absorber los excedentes de población. Eso se deberá a:
   a) La alta tasa de crecimiento de la población, y
   b) La menor ocupación que proporcionará cada unidad de capital invertido, debido a la avanzada tecnología empleada.
2. Debido a lo anterior, y al alza del costo del trabajo en relación con el del capital, no será posible utilizar racionalmente el potencial humano. Las consecuencias serán mejores niveles de vida para el trabajador empleado y un aumento de la desocupación.
3. El supuesto de que la reducción de costos en la industria, como resultado del aumento de la productividad, se reflejará en una baja de precios en beneficio del consumidor, no es totalmente cierto, pues la experiencia demuestra que las empresas industriales, en vez de competir, llegan a acuerdos sobre precios y áreas de mercado.
4. La integración, al proporcionar un mercado centroamericano, estimulará la transformación capitalista de la agricultura de subsistencia, la que producirá a escala comercial.
5. El nivel de desarrollo económico de los países centroamericanos no varía apreciablemente de uno a otro; las diferencias son de grado, pero todos se encuentran a un mismo nivel general de desarrollo.
6. Para lograr el desarrollo del área centroamericana deben eliminarse dos obstáculos:
   a) tenencia defectuosa de la tierra; y
   b) dependencia económica y política.
7. Las industrias que se inicien o incrementen a base de materias primas extranjeras se localizarán en los países que han logrado un nivel más alto de desarrollo. Las industrias que deben establecerse cerca de las materias primas tenderán a localizarse en los países con mayores recursos naturales.
8. Continuará la emigración del excedente. Siendo uno de los objetivos de la integración la inversión de capitales

102

extranjeros, el aumento de estos incrementará la fuga del excedente.

9. Los consumidores y el sector agrícola son quienes han financiado el crecimiento de la industria. Este sacrificio no será compensado en el futuro debido a la emigración del excedente.

10. Los efectos de la integración y sus primeros pasos son favorables únicamente a la empresa privada centroamericana, quien será la rectora de la política económica a seguir.

11. La actitud de la clase dominante ante la aplicación de reformas profundas —requisito indispensable para un desarrollo económico continuo— es negativa y, por lo tanto, no puede esperarse que sea posible, por medio de ella, resolver los grandes problemas sociales y económicos centroamericanos.

ALGUNOS PROBLEMAS DEL DESARROLLO INDUSTRIAL DE HONDURAS

Roberta Robleda C.[20]

Introducción

Los antecedentes de la industria en Honduras, como en el resto de los países latinoamericanos, se remontan a la época de las antiguas civilizaciones precolombinas. Si bien es cierto que la división social del trabajo en América tomó un camino diferente al de los países del llamado viejo mundo, también en este continente se realizó ese proceso social característico de todas las colectividades humanas.

Junto a la agricultura, que era la principal actividad económica de la antigua sociedad centroamericana, se desarrollaron diversos oficios tales como la alfarería, la confección de tejidos, la construcción de otros objetos de uso doméstico, materiales de construcción, etc.

Posteriormente, durante un largo período del régimen colonial, la actividad principal de los españoles se concentra en la minería mediante el empleo del trabajo esclavo de negros africanos y de indígenas americanos. Estos últimos son relegados a las tierras marginales donde continúan desarrollando una agricultura de subsistencia. Alrededor de los centros mineros se desarrolla una agricultura complementaria y surgen diversos oficios y artesanías relacionadas con las actividades minera y agrícola y con las necesidades generales de la población.

"En la época colonial, Centroamérica fabricaba artículos que hoy se obtienen a través del comercio exterior: clavos, chapas y otros instrumentos metálicos. Los indígenas y mestizos conocían de artesanías como la carpintería y la herrería. Trabajaban también en el curtido de pieles y en la fabricación de zapatos y otros objetos confeccionados de tales materiales"[21].

En las postrimerías del régimen colonial, la agricultura y la ganadería desplazan a la decadente actividad minera y pasan a ocupar el papel principal en las actividades económicas de los peninsulares y de sus descendientes criollos. Lugar destacado desempeñan en el

---

[20] Economía Política segunda época, No. 3 octubre – diciembre 1972. pp. (30-43).
[21] La Prensa, 13 de septiembre 1971,

comercio exterior de Centroamérica productos como el bálsamo, el cacao, el añil, la grana y las maderas preciosas.

En las cuatro o cinco décadas posteriores a la independencia no se registran, en nuestro país, cambios espectaculares en el desarrollo de la economía. Esta sigue teniendo un carácter predominantemente natural y se basa en la gran hacienda y su habitual acompañante, el minifundio, y en algunos lugares en el trabajo comunal de los indígenas. La industria tiene un carácter artesanal y desempeña un papel importante en la creación de producto interno.

La construcción del ferrocarril nacional en la zona norte del país estimula el desarrollo de la producción bananera y, consiguientemente, crea cierta base para un desarrollo industrial complementario en la región. En la región central del país se otorga una concesión minera a la Rosario Mining Co. Esta actividad extractiva provoca cierto desarrollo en la zona de Tegucigalpa. A finales del siglo XIX el banano y los metales preciosos ocupan los primeros lugares en las exportaciones del país. El primer producto está todavía en manos de nacionales, los segundos en manos de una compañía extranjera.

La penetración del capital extranjero

A principios del siglo XX, la producción y exportación del banano pasan totalmente al dominio de empresas norteamericanas. Estas reciben concesiones que les permiten controlar las mejores tierras del país, construyen ferrocarriles propios y se apoderan del ferrocarril nacional. Se desarrollan las relaciones monetario-mercantiles en la zona norte y se crea un mercado dependiente de la actividad bananera.

Sobre esta base, las empresas bananeras fundan las primeras fábricas en el país: la fábrica La Blanquita y la Cervecería Hondureña en La Ceiba, por la Standard Fruit Co.; la Ulúa y el Molino Harinero Sula, en el departamento de Cortés. La Standard funda, además, el Banco Atlántida en La Ceiba. Se instala la Tabacalera Hondureña en San Pedro Sula.

Todo el desarrollo económico posterior de Honduras se halla condicionado a dos factores fundamentales: a la formación de un enclave extranjero en la zona norte del país y a la permanencia del latifundio heredado de la época colonial.

Esta situación ha determinado, además, el desarrollo urbano del país. En la zona norte se desarrollan la ciudad de San Pedro Sula, que gira alrededor de las actividades de la United Fruit Co., y La Ceiba, sede de las operaciones de la Standard Fruit Co.

En la zona central crece Tegucigalpa, centro político y administrativo del país y donde establecen su residencia los principales latifundistas vinculados estrechamente a los trajines de las actividades políticas. Tegucigalpa es, además, el principal centro cultural de Honduras, que atrae constantemente centenares y miles de estudiantes procedentes de todos los departamentos. Se crea así un mercado que sirve de base al desarrollo de las relaciones monetario-mercantiles y de ciertas actividades industriales: industria ligera alimenticia y construcción.

Tal es el origen de los principales centros de producción industrial del país.

Características de la industria hondureña

El producto global de cualquier país se divide en su forma natural en objetos de consumo y medios de producción. Estos últimos se subdividen básicamente, a su vez, en materias primas e instrumentos de producción. Es un hecho que caracteriza a la industria de los países desarrollados el que la producción de medios de producción supera a la de los objetos de consumo. Y en la producción de medios de producción, la de instrumentos de trabajo o bienes de capital ocupa un lugar relevante.

En la industria hondureña ocurre todo lo contrario. De acuerdo con los datos del Informe Económico del Banco Central de Honduras correspondiente a 1971, la estructura de la producción industrial fabril (valor agregado) de Honduras es la siguiente:

Estructura de la Producción Industrial Nacional

Año 1970		
	Valor Miles de Lps. 1966	%
Industrias tradicionales	90.437	69.5
Industrias Intermedias	28.944	22.3
Ind. metal mecánica	10.697	8.2
TOTAL	130.078	100

Las cifras anteriores demuestran claramente el carácter primario de la industria hondureña, pues la producción de bienes de capital es apenas el 8.2% de la producción total, en tanto que la producción de bienes de consumo alcanza casi el 70% de la producción total. Hay que advertir, además, que la clasificación anterior no es la más

107

adecuada, puesto que se incluyen renglones como reparación de automóviles que no tienen nada que ver con la producción de medios de producción.

Producción industrial fabril y artesanal

Históricamente, la producción artesanal ha precedido a la fábrica moderna. La fábrica es, indudablemente, más productiva que el taller, pues se basa en el empleo de máquinas modernas, en el uso de fuentes de energía, en una organización superior del trabajo, etc.

En Honduras, la producción artesanal procede en parte de la época anterior a la penetración del capital norteamericano y, además, de las necesidades de la producción capitalista moderna y de la dependencia comercial del país. A lo anterior hay que agregar que el desarrollo de las relaciones monetario-mercantiles condiciona también el surgimiento de talleres artesanales.

Los datos del Banco Central de Honduras señalan que la estructura de la producción industrial, según el tipo de empresa, es la siguiente:

Honduras Valor Agregado y Estructura de la Industria Manufacturera

Miles de lempiras de 1966

	1966		1971	
	Valor	%	Valor	%
Estrato fabril	89.013	60.2	137.444	76.7
Estrato artesanal	58.887	39.8	41.694	23.3
TOTAL	147.9	100	179.138	100

Es evidente que, aunque según las cifras del Banco Central ha habido un decrecimiento tanto absoluto como relativo de la participación del sector artesanal en la producción industrial total, la contribución de tal sector sigue siendo significativa. Esto se comprende mejor al analizar la participación de ambos sectores en el nivel de ocupación en la industria.

En 1965, el sector industrial ocupaba un total aproximado de 52.000 personas. Al sector fabril correspondían 19.000 y al artesanal 33.000 empleados aproximadamente. Ello significa que la producción artesanal empleaba el 63.4% del total de trabajadores de la industria, en tanto que el sector fabril empleaba únicamente el 36.6% del personal ocupado.

Dependencia de materias primas

En general, la contribución que un sector productivo aporta al producto interno bruto no debe medirse únicamente por el valor de la producción. Es necesario, además, tomar en cuenta los empleos que genera, los ingresos, impuestos, divisas que aporta, las compras de materiales en el país, etc.

Según las cifras del censo industrial de 1966, el sector fabril de la industria manufacturera utilizaba materiales para la producción, según procedencia, de la manera siguiente:

Honduras: Consumo de Materias Primas según Origen:

	Valor miles de Lps.	%
Materias primas nacionales	76.35	53.6
Materias primas extranjeras	66.013	46.4
TOTAL	142.363	100

El renglón que utiliza en mayor escala materias primas nacionales es el llamado sector tradicional (productor de bienes de consumo). Las industrias productoras de bienes intermedios, con excepción de la industria del cemento, se caracterizan por una dependencia completa de materias primas de origen extranjero.

Por ejemplo: la industria de papel utilizaba materias primas extranjeras en un 100%; la industria del caucho en un 91.3%; la de productos químicos en un 83%. Situación similar ocurría con la industria productora de bienes de capital: los productos metálicos con el 90.1% de materias primas extranjeras, la reparación de maquinarias y aparatos eléctricos con 94.6% y la construcción y reparación de materiales de transporte con 94.8%.

Lo anterior significa que, desde el punto de vista del abastecimiento de insumos, la producción de bienes intermedios (a excepción de la producción de cemento) y la de bienes de capital no tienen base nacional. Incluso una serie de ramas de la producción de bienes de consumo dependen en un grado considerable de materias primas importadas.

Financiamiento

El aumento de la inversión industrial es necesario para el incremento de la producción y la introducción de nuevas técnicas productivas. Las empresas pueden conseguir fondos de sus recursos internos (reservas y utilidades retenidas) y de fuentes externas tales como el crédito y nuevas aportaciones de capital.

Los datos oficiales indican que, a partir de 1969, el sector industrial ha desplazado al comercio del primer lugar en cuanto al monto de préstamos recibidos del sistema bancario nacional. Lamentablemente, no se han publicado datos relativos al monto de los recursos internos que las empresas destinan a la inversión industrial. Esto permitiría establecer una comparación entre los recursos internos y externos de las empresas.

Ahora bien, el hecho de que la industria ocupe el primer lugar en el destino de los préstamos por ramas de actividad significa que los bancos participan activamente en la promoción del desarrollo industrial. Y puesto que el sistema comercial bancario privado está dominado por bancos extranjeros —ya que estos tienen aproximadamente el 80% del total de recursos propios del sistema y captan, además, el 80% de los ahorros del público— es evidente que el capital extranjero controla, a través de los bancos, una serie de industrias que figuran como nacionales.

Las inversiones extranjeras directas en la industria

Como se señaló al principio, el desarrollo de la industria en Honduras está ligado íntimamente a la llamada "industria" bananera.

Fueron precisamente las empresas bananeras quienes fundaron las primeras industrias en el país. El desarrollo industrial de San Pedro Sula y La Ceiba ha girado alrededor de la actividad de las bananeras y ha sido promovido por estas. Posteriormente, algunas industrias de las citadas empresas ampliaron sus operaciones a Tegucigalpa (Cervecería Hondureña).

Como consecuencia del proceso integracionista centroamericano, otras empresas de capital extranjero se establecieron en el país, principalmente en Tegucigalpa y San Pedro Sula.

Es difícil cuantificar las inversiones extranjeras directas en la industria (para una mayor información, ver la Revista Economía Política N.° 2, año 1972), pero al analizar la estructura de la producción (valor agregado) de las diferentes ramas del sector fabril puede hacerse un cálculo aproximado del control ejercido por el capital extranjero sobre esta actividad económica.

Los datos contenidos en el Informe Económico del Banco Central de Honduras indican la siguiente estructura del sector manufacturero:

Cuadro No. 1
Valor Agregado de la Industria Manufacturera al Costo
Constante de Factores
Millones de Lempiras de 1966

	1971	
	Valor (miles Lps.)	%
Productos Alimenticios, Bebidas y Tabaco	**58,607.00**	**42.6**
- Fabricación de Productos Alimenticios	38,765.00	28.2
- Fabricación de Bebidas	16,114.00	11.7
- Industria del Tabaco	3,728.00	2.7
Textiles, Prendas de Vestir e Industria del Cuero	**17,669.00**	**12.9**
- Fabricación de Textiles	9,478.00	6.9
- Fabricación de Prendas de Vestir (excepto calzado)	7,061.00	5.1
- Industria del Cuero y Productos de Cuero (excepto calzado y prendas)	494.00	0.4
- Fabricación de Calzado (excepto caucho o plástico)	636.00	0.5
Industria de Madera, incluidos Muebles	**16,008.00**	**11.6**
- Industria de la Madera y Corcho (excepto muebles)	14,495.00	10.5
- Fabricación de Muebles y Accesorios (excepto metálicos)	1,513.00	1.1
Fabricación de Papel y Productos de Papel, Imprentas y Editoriales	**6,579.00**	**4.8**
- Fabricación de Papel y Productos de Papel	2,174.00	1.6
- Imprentas, Editoriales e Industrias Conexas	4,405.00	3.2
Fábrica de Sustancias Químicas y Productos Químicos Derivados del Petróleo	**20,074.00**	**14.6**
- Sustancias Químicas Industriales	179.00	0.1
- Otros Productos Químicos	8,147.00	5.9
- Refinería de Petróleo	5,462.00	4
- Productos de Caucho	2,104.00	1.5
- Productos Plásticos N.E.P.	4,182.00	3.1
Fabricación de Otros Productos Minerales No Metálicos	11,560.00	8.4
Fabricación de Productos Metálicos, Maquinaria y Equipo	**6,533.00**	**4.8**
- Productos Metálicos (excepto maquinaria)	5,649.00	4.1
- Construcción de Maquinaria (excepto eléctrica)	383.00	0.3
- Construcción de Maquinaria, Aparatos y Suministros Eléctricos	362.00	0.3
- Fabricación de Equipo Profesional, Científico y Óptico	139.00	0.1
Otras Industrias Manufactureras	**414.00**	**0.3**
TOTAL Estrato Fabril	137,444.00	100
TOTAL Estrato Artesanal y Casero	41,694.00	23.3
TOTAL Sector Manufacturero	179,138.00	100

Las cifras porcentuales del cuadro anterior indican que la fabricación de productos alimenticios constituye el 28.2% de la producción fabril; la de bebidas, el 11.7%; la del tabaco, el 2.7%; la de madera, el 11.6%; prendas de vestir, el 5.1%; textiles, el 6.9%; otros productos químicos, el 5.9%; refinería de petróleo, el 4%; productos plásticos, el 3.1%. En total, las ramas seleccionadas contribuyen con un 79.2% al valor agregado total, a precios constantes de 1966, del sector fabril.

Al examinar cada rama seleccionada del sector fabril se observa que en la fabricación de productos alimenticios figuran empresas netamente extranjeras como La Blanquita y la NUHMAR, y empresas con participación directa o indirecta del capital extranjero como las compañías azucareras y Mejores Alimentos (Best Food).

En la fabricación de bebidas interviene como principal productor la Cervecería Hondureña, seguida de Pepsi-Cola.

La producción de tabaco la realiza la Tabacalera Hondureña.

La producción de madera aserrada está controlada en un 90%, según cálculos del Instituto de Investigaciones Económicas y Sociales de la UNAH, por capital extranjero. Otros productos químicos: bajo esta dominación se clasifican producciones tales como las de Químicas Dinant (empresa asociada a Procter & Gamble, conocido consorcio norteamericano) y Polymer S.A.

La refinación de petróleo es realizada por la Texaco Caribbean Co. En productos plásticos interviene Polymer S.A., empresa con gran participación de capital extranjero, y Plásticos S.A. En prendas de vestir participa Lovable de Honduras S.A., y en confecciones textiles la empresa extranjera Bemis-Handal.

Debe señalarse que la participación del capital extranjero no se limita a las industrias indicadas.

En resumen, puede estimarse conservadoramente que el capital extranjero controla alrededor de un 60% de la producción industrial fabril.

El papel de la industria dentro de la economía de honduras

Honduras es evidentemente un país agrario dependiente y explotado y, en consecuencia, un país subdesarrollado. De acuerdo con los datos del Banco Central de Honduras, en 1966 el sector agropecuario proporcionaba al PIB (al costo de factores) un 40.39% del total. La participación de la industria manufacturera fue, en ese año, del 14.4%; la de la construcción, del 3.7%; y la de la explotación de minas y canteras, del 1.8%.

En 1971, de acuerdo también con cifras del Banco Central dadas a precios constantes de 1966, la estructura productiva del país no había cambiado sustancialmente. Las aportaciones respectivas del sector agropecuario, manufacturero, de la construcción y minero fueron en ese año de 37.8%, 13.8%, 5.0% y 2.1% del total del PIB al costo de factores (ver cuadro No. 2).

Según las cifras del cuadro indicado, en el quinquenio 1971-65 la producción agropecuaria registró un aumento global del 18.7%, con una tasa de crecimiento anual del 3.5%. La producción de la industria manufacturera aumentó en ese mismo período un 21.3%, con un crecimiento anual de 3.9%. Ritmos más rápidos de crecimiento lograron la construcción con un 11.4% anual y la explotación de minas y canteras con 7.6% también anual, lo que se tradujo en un aumento total del 71.5% para la construcción y un 44.49% para la explotación de minas y canteras.

Las cifras anteriores despiertan interés por cuanto demuestran que, en nuestro país, la industria —que debe ser la rama de la economía de mayor crecimiento— ha tenido en el período analizado un ritmo de desarrollo tan lento que casi coincide con la tasa anual de crecimiento de la población (3.5% según las proyecciones de la Dirección de Estadística y Censos para el quinquenio 1966-1971). Lo anterior indica que el crecimiento de la producción anual per cápita es casi nulo. Esto explica parcialmente por qué la mayor parte del incremento de la demanda de la población (y de las empresas) en artículos industriales debe ser satisfecha a través de la importación.

Otro hecho que demuestra la debilidad de la industria en la economía es el bajo nivel de empleo que se genera en esta rama productiva. Los siguientes son datos acerca de la población económicamente activa, calculados por la Secretaría Técnica del Consejo Superior de Planificación Económica:

Honduras Población Económicamente Activa por Sectores

Rama de Actividad	1966		1971	
	Miles Trabajadores	%	Miles Trabajadores	%
I. Sectores Productivos	523.8	76.0	610.2	76.1
Agricultura, Silvicultura, Caza y Pesca	451.5	65.5	522.8	65.2
Explotación Minas y Canteras	2.1	0.3	2.4	0.3
Industria Manufacturera	55.6	8.1	67.4	8.4
Construcción	14.6	2.1	17.6	2.2
II. Sectores de Servicios Básicos	14.8	2.1	18.5	2.3

III. Otros Servicios	150.6	21.9	173.2	21.6
Total Fuerza de Trabajo	689.2	100.0	801.9	100.0
De los cuales:				
Total Ocupados	646.8	93.8	737.7	92.0
Total Desocupados	42.4	6.2	64.2	8.0

Las cifras anteriores señalan que la industria manufacturera empleaba en 1971 únicamente el 8.4% de la población económicamente activa contra el 8.1% en 1966. Esto confirma no sólo el carácter agrario de la economía hondureña, sino que demuestra, además, que los cambios en la estructura de la población económicamente activa son extremadamente lentos.

La productividad del trabajo en la industria

Sin embargo, hay otro hecho que demuestra una situación estacionaria en el desarrollo industrial de Honduras. Es el que se refiere a la productividad del trabajo. Este, como se sabe, es un índice que resulta de dividir el producto bruto o valor agregado entre el número de trabajadores o el personal ocupado en la rama de actividad respectiva. Al comparar la productividad del trabajo en los sectores productivos mencionados anteriormente, se tienen los siguientes resultados:

Honduras productividad en los sectores productivos de la economía

Ramas de Actividad	Lempiras 1966	Por persona ocupada 1971	Aumento 1971/66 %	Tasa Anual 1966/1971 %
Sector Agropecuario	9,077.67	11,250.00	23.9	4.4
Explotación de Minas y Canteras	914.24	937.07	2.5	0.5
Ind. Manufacturera	2,661.03	2,657.27	-0.14	—
Construcción	2,592.34	3,693.18	42.5	7.4

Como señalan los datos anteriores, la industria tiene una productividad por trabajador inferior a las actividades mineras y de construcción. Únicamente supera al sector agropecuario y esto se explica por la presencia del latifundio y del minifundio como formas predominantes de producción en el campo y que se caracterizan por una productividad bajísima por trabajador.

Sin embargo, lo que es más significativo de las cifras anteriores es el decrecimiento (o crecimiento negativo) en la productividad industrial. En efecto, en 1966 la productividad por persona empleada

114

fue superior a la registrada en 1971. Esta situación pudo haber sido determinada por dos razones:

1° — Los incrementos en la producción industrial (valor agregado, que han sido poco significativos) se han producido en el sector fabril. Este sector, que utiliza relativamente una tecnología moderna, ha generado una cantidad pequeña de empleos adicionales (en relación al aumento global de la población apta para el trabajo). Y

2° — El incremento de los empleos se ha producido principalmente en el sector artesanal de la industria, que se caracteriza por una baja composición orgánica de capital, con el agravante de que se ha registrado un descenso sensible en el rendimiento por trabajador.

Carácter de la industria hondureña

Las consideraciones anteriores permiten definir la industria hondureña como una actividad destinada fundamentalmente a la producción de objetos de consumo, en la que se emplean métodos modernos (sector fabril) y artesanales de producción, con el predominio del trabajo artesanal; actividad dependiente, en grado considerable, de materias primas extranjeras y del financiamiento de bancos extranjeros, y en la cual la propiedad de las empresas modernas está en manos del capital extranjero, principalmente norteamericano.

1.— El desarrollo de la industria debe contemplarse dentro de un plan global de desarrollo económico independiente.

2.— Dentro de tal política global es imprescindible la liquidación del latifundio en el marco de una ley de reforma agraria democrática que siente las bases para el desarrollo ilimitado del mercado interno.

3.— Debe darse preferencia al desarrollo de industrias basadas en los recursos naturales internos.

4.— Para ello, es necesario la nacionalización de los recursos naturales esenciales para el desarrollo industrial, que estén bajo el dominio del capital privado y extranjero.

5.— Una utilización racional de los recursos internos implica que estos deben ser propiedad del Estado y estar sujetos a su control.

6.— Dentro de la política de desarrollo industrial deben tener prioridad las industrias de transformación, especialmente las que tengan un efecto multiplicador en la economía, tales como la siderurgia y las basadas en los recursos forestales.

7.— El Gobierno debe tomar la iniciativa en la promoción de tales empresas industriales cuya propiedad debe ser estatal.

8.— El funcionamiento de tales empresas estatales debe corresponder a las necesidades de desarrollo interno de la economía y a las necesidades generales del desarrollo económico del país.

9.— El Gobierno debe limitar la participación del capital extranjero en el sector industrial a aquellos renglones que no constituyen sectores claves para el desarrollo económico del país.

10.— Es necesario realizar una política de promoción de medianas y pequeñas empresas para utilizar los recursos locales y absorber el desempleo y la emigración rural.

11.— Se hace necesario también organizar la ayuda financiera y asistencia al sector artesanal con el fin de lograr su paulatina transformación en un sector industrial moderno.

12.— Un desarrollo industrial desplegado y sanamente dirigido implica la realización de programas masivos de capacitación de los trabajadores, que constituyen el principal factor de las fuerzas productivas de cualquier país.

Cuadro No.2
Honduras origen por rama de actividad del producto interno bruto 1966-1970
al costo de factores 1966-100
Millones de lempiras

Rama de Actividad	1966	%	1968	%	1969	%	1970	%	1971	%
Agricultura, Silv. Caza y Pesca	412.8	40.3	452.5	39.4	430.9	36.7	448	36.5	489.9	37.8
Explotación Minas y Canteras	18.7	1.8	221	1.9	24.6	2.1	26.6	2.2	27	2.1
Industria Manufacturera	147.9	14.4	151.6	13.2	161.6	13.8	168.9	13.7	179.1	13.8
Construcción	37.9	3.7	52.2	4.6	62.7	5.3	60.3	4.9	65	5
Electric., gas, agua y serv. s.	10.3	1	12.3	1.1	14.1	1.2	16.1	1.3	17.2	1.3
Transporte, Almacén y Comunic.	62.2	6.1	75.6	6.6	79.4	6.8	84.4	6.9	83.9	6.5
Comercio al por mayor y menor	143.7	14	155.3	13.5	158.1	13.5	166.7	13.6	165.6	12.8
Banca, Seguros y Bienes Men.	18.1	1.8	22.9	2	23.9	2	26.6	2.2	28.8	2.2
Propiedad de Vivienda	86.1	8.4	84.6	7.4	89.6	7.6	94.9	7.7	100.7	7.8
Admón. Pública y Defensa	30	2.9	31.4	2.7	34.1	2.9	35.5	2.9	37.3	2.9
Servicios	62.8	6.1	87.4	7.6	94.8	8.1	99.4	8.1	102.6	7.9
Discrepancias	5.4	-0.5								
Producto Interno Bruto al Costo de Factores	1,025.10	100	1,147.90	100	1,173.80	100	1,227.40	100	1,297.10	100

Fuente: Banco Central de Honduras
Memorias
Informes Económicos

BREVES APUNTES SOBRE LA EVOLUCIÓN DE LOS SECTORES AGROPECUARIOS E INDUSTRIAL DENTRO DEL PIB[22] Y ALGUNAS DE SUS CARACTERÍSTICAS

Santiago Morales[23]

El Producto Interno Bruto (PIB) es un indicador sintético de gran importancia, al que se recurre muy a menudo para fines de análisis. En esta ocasión lo utilizaremos, desde el punto de vista de su estructura productiva, para ver cuál ha sido la evolución de los sectores más importantes de nuestra economía. Nos detendremos a observar solamente la situación de dos sectores de la esfera material de la producción, es decir, el agropecuario y el industrial, ya que el primero es el que ha determinado el rasgo distintivo de nuestra economía y el segundo, el que ha acusado un mayor aumento dentro de la estructura del P.I.B. en el período analizado.

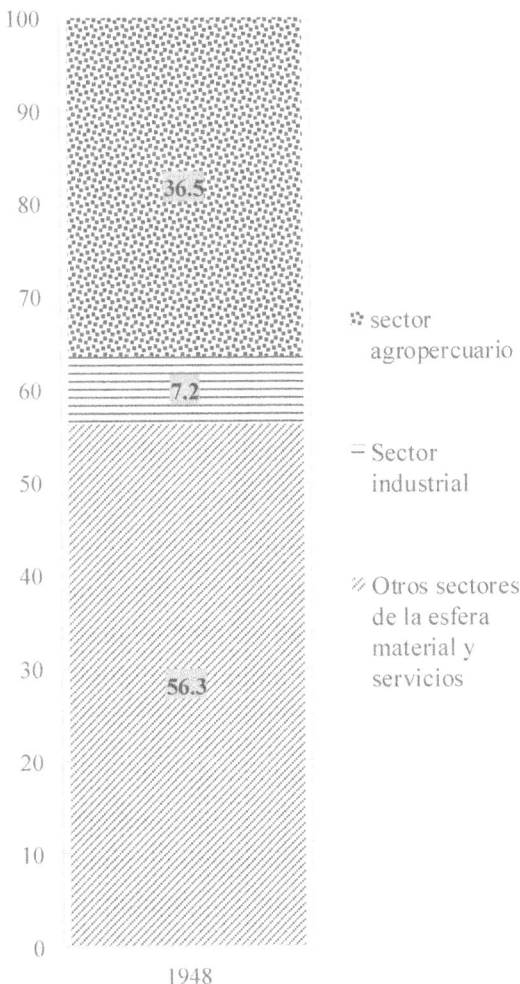

: sector agropercuario

= Sector industrial

% Otros sectores de la esfera material y servicios

100
90
80   36.5
70
60   7.2
50
40
30   56.3
20
10
0

1948

---

[22]El PIB. está tomado al costo constante de factores de 1948,

[23] Economía Política, No. 7 enero abril 1974 segunda época. pp. (55-63).

tor Agropecuario. El primer impacto que se percibe de la simple observación de las gráficas es el hecho de que en cada una de ellas sobresale el sector agropecuario, pues su peso específico dentro de la formación del P.I.B. resulta ser el más alto si lo comparamos con la participación del sector industrial y los otros sectores en la estructura del mismo producto. Cabe aclarar que, dentro de este sector, además de la agricultura y la ganadería, se encuentran la silvicultura, la caza y la pesca. Es decir, que aquí está englobada toda una gama de actividades, comenzando desde las ocupaciones más primitivas del hombre, hasta la explotación de renglones que aparecieron más tarde en el proceso del desarrollo histórico de la sociedad. En efecto, las primeras actividades productivas de los hombres, o sea las primeras formas de economía, consistieron en la búsqueda colectiva de alimentos, en la caza colectiva y en la pesca. Después, y gracias al desarrollo alcanzado por las fuerzas productivas, el hombre pasa de la simple búsqueda de alimentos a la agricultura y de la caza a la ganadería. Aún hoy día, en el sector se encuentran actividades cuya explotación se realiza en los marcos de la economía primitiva; existiendo otras cuya explotación se lleva a cabo conforme al modelo capitalista de producción, estando controladas las más importantes de ellas por monopolios extranjeros.

La situación anterior plantea dentro del sector las siguientes características: por un lado, se encuentran reminiscencias de

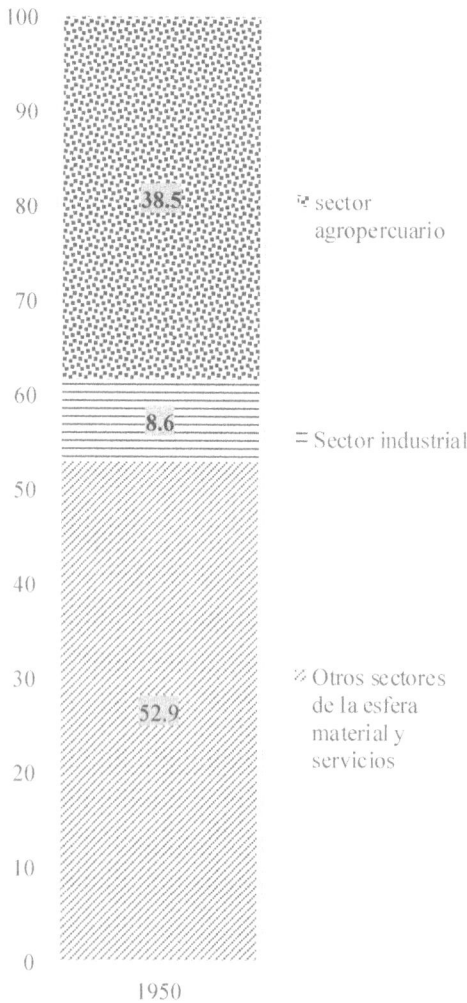

sector agropercuario — 38.5

Sector industrial — 8.6

Otros sectores de la esfera material y servicios — 52.9

1950

120

formaciones económicas precapitalistas, donde los instrumentos de trabajo utilizados en la producción son instrumentos superados desde hace mucho tiempo; donde existe, en escala considerable, una economía natural y donde viven grandes masas campesinas que tienen poco o nada del medio fundamental de producción en la agricultura: la tierra. Por otro lado, nos encontramos con un área más desarrollada, donde se aplican modernas técnicas de producción, donde existen verdaderas relaciones capitalistas de producción y donde se encuentra una buena parte de la fuerza productiva fundamental del país y el núcleo principal de la clase obrera hondureña; en este caso, nos estamos refiriendo a las plantaciones bananeras y al proletario agrícola ocupado en esas explotaciones. Es necesario apuntar también que existen otros tipos de plantaciones, como las de café, algodón, caña de azúcar, en donde también se aplican métodos capitalistas de producción y se explota en escala considerable la fuerza de trabajo asalariada.

En la ganadería, en particular, también existen empresas de tipo capitalista, que emplean técnicas modernas de producción, aunque en menor grado que las empleadas en las plantaciones bananeras y en la misma explotación ganadera de los monopolios extranjeros. En ambos casos, la cría extensiva del ganado es un rasgo característico, planteándose con ello la subutilización de una parte de las mejores tierras del país.

En la silvicultura lo que ha existido es una explotación implacable y acelerada de nuestros recursos madereros, haciéndose sentir la ausencia de una verdadera política que acabe con esa práctica y siente las bases para una explotación más racional y científica de los bosques. Las concesiones otorgadas en este renglón por los gobiernos que se han sucedido en el poder representan la entrega incondicional de esta parte de nuestros recursos naturales a intereses foráneos. Hasta hoy es que se ha planteado con alguna seriedad este problema a raíz del anuncio del Plan Nacional de Desarrollo, uno de cuyos elementos fundamentales está constituido por la política forestal, "encaminada a poner en manos del Estado el control completo y efectivo de los bosques", para lo cual se ha procedido a crear la Corporación Hondureña de Desarrollo Forestal.

En cuanto a la pesca se refiere, esta ha corrido la misma suerte de los otros recursos naturales: explotación irracional por parte de las compañías extranjeras, convirtiéndose la piratería en una actividad corriente en este renglón de la economía.

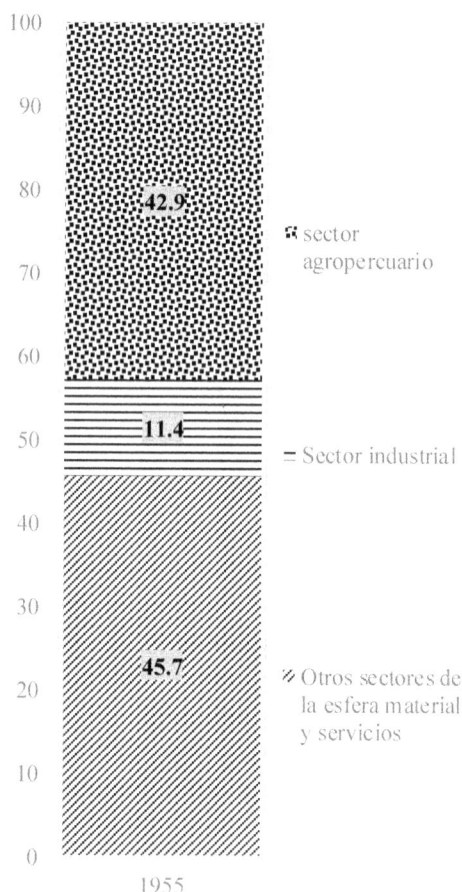

100 — 90 — 80 — 42.9 — ℝ sector agropecuario
70 — 60 — 50 — 11.4 — = Sector industrial
40 — 30 — 20 — 45.7 — ⁄ Otros sectores de la esfera material y servicios
10 — 0 — 1955

En cuanto a la participación de cada uno de estos renglones en la generación del valor nuevo creado del sector agropecuario, podemos darnos cuenta de ella a través de los datos que a continuación se presentan:

Estructura porcentual del valor agregado del sector agropecuario

Renglones	1965	1969
Agricultura	65	65
Banano y Plátano	22.9	28.4
Ganadería	19.4	21.3
Silvicultura, caza y pesca	15.6	13.7
Total Sector Agropecuario	**100**	**100**

Fuente: Memorias del Banco Central de Honduras de 1967 y 1969.

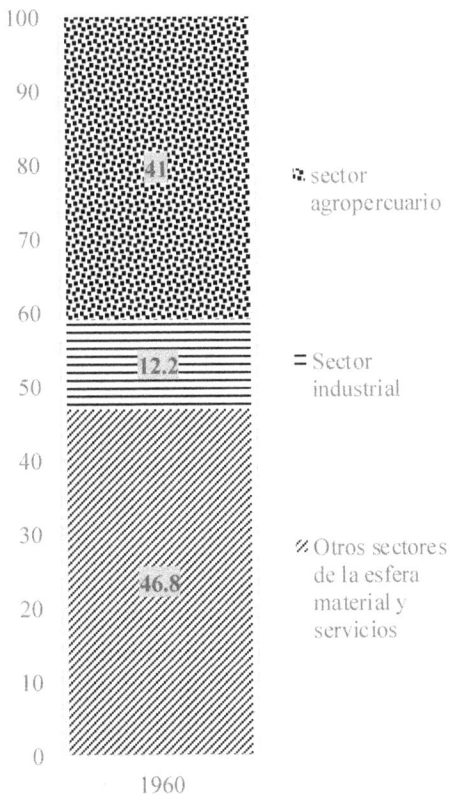

:: sector agropecuario

= Sector industrial

% Otros sectores de la esfera material y servicios

1960

De los datos del cuadro anterior no queda ninguna duda con respecto a la importancia que tiene el renglón agricultura dentro del sector. Asimismo, es significativo el lugar que ocupa la actividad bananera en la generación del valor agregado del sector, pues en 1969 aquella ascendió a 28.40%, en tanto que con respecto al valor agregado del renglón agricultura, propiamente dicho, su participación fue en el mismo año de 43.70%. Luego, como claramente lo demuestran las cifras, continúan en importancia la ganadería y la silvicultura, caza y pesca, con el 21.3 y 13.70%, respectivamente, en el mismo año.

A pesar de que el sector agropecuario ha sido y sigue siendo el predominante en la actividad económica del país, su participación porcentual dentro del Producto Interno Bruto ha disminuido considerablemente en el período que nos ocupa, pues si su participación fue de 56.23% en 1948, esta ha ido descendiendo constantemente en el trayecto, hasta alcanzar el 35.70% en 1969. En otras palabras, su descenso ha sido bastante considerable.

Sector Industrial. Este ha sido el sector que mayor incremento relativo ha acusado en comparación con los otros sectores que configuran el Producto Interno Bruto. Existen en este sector dos estratos: el artesanal y el fabril, cada uno con sus propias características. En el primero de ellos, que constituía la base material de la riqueza de las ciudades medievales, es muy escasa, o no existe, la asimilación de los adelantos tecnológicos; los métodos modernos de organización de la producción son desconocidos y el uso de la fuerza de trabajo familiar es muy común. En el segundo, que representa un escalón superior en el desarrollo de la producción capitalista, existe una mayor división del trabajo; hay una mayor utilización de la tecnología; aquí es donde encuentran mayor aplicación los métodos organizativos de la producción y es donde existe una mayor explotación del trabajo asalariado. Este es el estrato que mayor evolución ha experimentado en el período que nos ocupa y su vinculación al capital extranjero monopolista es muy acentuada. Al respecto, es notoria la participación del capital extranjero en la industria de textiles, producción de cigarros, paños y bolsas de tela, de polietileno y propileno, brassieres y fajas, alimentos para ganado y aves de corral, carnes congeladas, camarones congelados, hule natural y sintético, cosméticos, cuero curtido, puré de banana, almidón de maíz, aceite de palma, aceite de algodón, cartones, espejos e industrias médicas y otras más.

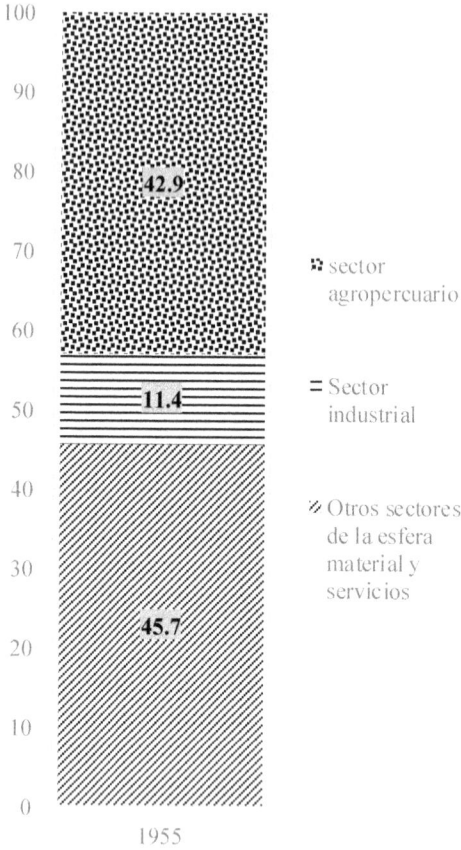

Gráfico de barras, año 1955:
- 42.9 — sector agropecuario
- 11.4 — Sector industrial
- 45.7 — Otros sectores de la esfera material y servicios

La participación de cada uno de los estratos señalados en la generación del valor agregado del sector es la siguiente:

Estructura Porcentual del valor agregado del sector industrial

Estratos	1967	1969
I. Fabril	**71**	**74.2**
1. Industrias Tradicionales	50.6	5 1.3
2. Industrias Intermedias	14.3	17.5
3. Industrias Metalmecánicas	6.1	5.4
II. Artesanal	**29**	**25.8**
Total Sector Industrial	100	100

Fuente: Memorias del Banco Central de Honduras de 1969.

De los datos contenidos en el cuadro anterior se desprende la importancia del estrato fabril en la industria manufacturera, sobresaliendo dentro de él las industrias tradicionales, que comprenden, entre otras, la producción de alimentos, bebidas, tabaco, vestuario, prendas de cuero, calzado de cuero. El otro extremo de este estrato, menos desarrollado, lo constituye la industria metalmecánica, que comprende productos metálicos, maquinarias, aparatura, accesorios y otros. Es conveniente señalar que las empresas comprendidas en este grupo, a lo más que se dedican es al montaje de radios, televisores y fabricación de muebles metálicos, extremo que incluso manifiesta un descenso en su contribución porcentual del sector.

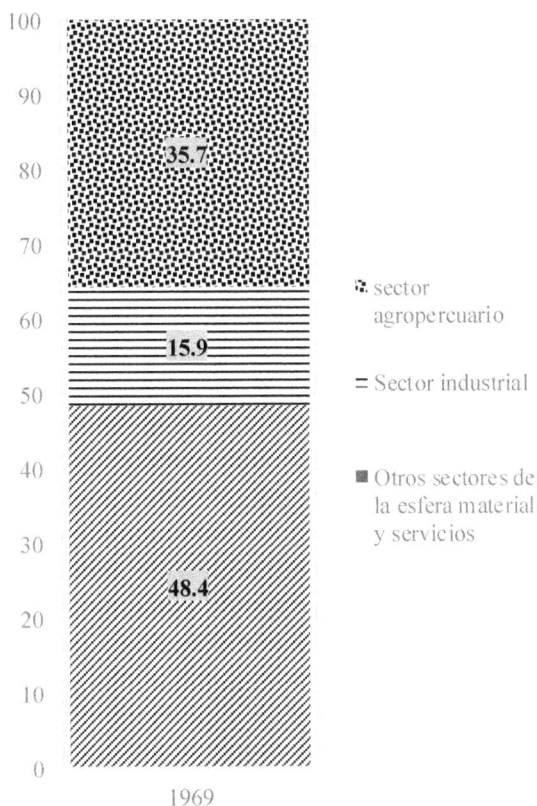

100
90
80 35.7
70
60
15.9
50
40
30
20
48.4
10
0
1969

☙ sector agropecuario

= Sector industrial

■ Otros sectores de la esfera material y servicios

Del cambio operado por este sector en la estructura del Producto Interno Bruto, podemos decir que es el que más ha evolucionado en el período tratado, ya que su participación dentro del mismo ha pasado de 7.20% en 1948 a 15.90% en 1969.

No obstante, la mayor participación que ha alcanzado el sector industrial, el cuadro de atraso no ha de eliminarse con la simple modificación de la estructura del Producto Interno Bruto, pues para ello es necesario transformar la estructura económica latifundista, atrasada y dependiente que nos caracteriza. "Con el desarrollo de la industria varía la composición del producto bruto, pero esto no es suficiente para sostener que un cambio de este carácter modifica la estructura económica. Ello será cierto si el proceso de industrialización tiene lugar mediante la eliminación de los factores que engendran el atraso, por lo cual los cambios que requiere la economía de los países subdesarrollados no sirven únicamente para modificar la composición sectorial del producto interno"[24], dice Francesco Cholvis para hacernos recordar que no basta un simple cambio sectorial del producto interno para hablar de un verdadero proceso de industrialización, mientras no se realicen cambios estructurales en la economía de los países.

No es nuestro propósito en esta oportunidad entrar a hablar de las causas que han provocado los desplazamientos de los dos sectores tratados, pues consideramos que este aspecto tendrá que ser objeto de estudio en otros apuntes posteriores.

***

Los dos sectores económicos, grosso modo analizados, el agropecuario y el industrial, conforman una característica común de los países subdesarrollados, donde el primero constituye la actividad económica fundamental y el otro ocupa un lugar secundario. Este cuadro no es casual, pues corresponde a una estrategia bien definida del imperialismo con respecto a los países subdesarrollados, que consiste en imprimirles a sus estructuras un carácter unilateral y agrario y convertirlos, como ya lo han hecho, en suministradores de materias primas, deformando de esta manera sus economías.

Al llevar al primer plano el desarrollo preferencial del sector agropecuario en estos países, los economistas burgueses han trasladado la creación de una industria nacional para "algún día", es

---

[24] Cholvis, Francisco. "Esencia de la economía latinoamericana". Pag 47, Buenos Aires, Argentina, 1971.

decir, que, en el esquema burgués, el desarrollo del sector industrial aparece en segundo plano, cuando más.

Necesario es decir lo siguiente: cuando hablamos aquí de un desarrollo preferencial del sector agropecuario en el esquema burgués, no nos referimos al hecho de que exista ya, en nuestro país, una agricultura multilateralmente desarrollada en el verdadero sentido de la expresión, sino que lo que realmente existe es un reforzamiento de las relaciones feudales, cuyas raíces son todavía considerables en nuestro país. De tal manera que no se puede hablar siquiera de una agricultura moderna diversificada, pues lo que existe es un monocultivismo, o en el mejor de los casos, la producción de dos o tres productos fundamentalmente.

Para conocer la "preocupación" de los economistas burgueses en cuanto a la necesidad de cambiar el panorama antes señalado, veamos lo que al respecto dice uno de estos señores: "Los pueblos subdesarrollados —apunta J. Strachey— necesitan decenas de años, si no son centurias, para convencerse de que el camino hacia la abundancia puede ser abierto solo por la producción agrícola y de materias primas y no por la industrialización"[25]. En esencia, esta posición condena a los países subdesarrollados a la agricultura y anula para los mismos la posibilidad del desarrollo industrial. En conclusión, esta es una posición conformista, fatalista y reaccionaria.

Por tanto, no conviene engañarnos en el sentido de que los imperialistas están preocupados por nuestro desarrollo, cuando en realidad lo que sucede es todo lo contrario. De donde resulta que los que debemos estar verdaderamente preocupados por nuestro desarrollo seamos nosotros mismos en primera línea, concentrando para ello nuestra atención en las verdaderas transformaciones estructurales que es necesario realizar para cambiar el panorama de los sectores antes señalados y de toda la economía en general.

---

[25] N.P. Schemeliev. Los ideólogos del Imperialismo y los Problemas de los Países Subdesarrollados". Pág.180. Bogotá, Colombia. 1965.

ALGUNOS ASPECTOS JURÍDICOS DE LA INTEGRACIÓN CENTROAMERICANA-EL CASO DE HONDURAS

Mauricio Castañeda [26]

En ocasión del Foro sobre Integración Económica Centroamericana, celebrado recientemente bajo los auspicios de la Asociación de Estudiantes de Ciencias Económicas, el Dr. Miguel Antonio Fernández, quien tuvo una viva participación en dicho Foro, planteó la siguiente interrogante: ¿Puede Honduras retirarse del Programa de Integración Económica Centroamericana?

A esta pregunta, el Dr. Guillermo Bueso, si la memoria no nos falla, fue quien contestó más o menos en los términos siguientes: "Honduras es un país soberano y, de consiguiente, puede denunciar cualquier compromiso que resulte lesivo a sus intereses".

A nuestro juicio, la pregunta fue bien contestada, aunque lamentamos que haya sido presentada en forma escueta, pues consideramos que se justifican algunas explicaciones o aclaraciones a este respecto, así como estimamos también que otras interrogantes ameritan mayor discusión. Debe además dejarse bien establecido que el Programa de Integración Económica, por la sola circunstancia de ser hechura del hombre, ofrece ciertas ventajas y presenta algunos inconvenientes, para uno y otro país. Es decir, no es un modelo de perfección.

Siendo Honduras un país soberano, puede denunciar los compromisos previamente contraídos; pero si Honduras desea pertenecer al consorcio de naciones que respetan sus compromisos, debe permanecer dentro del marco de los mismos. En otras palabras, Honduras puede proceder conforme a derecho, acatando los propios términos de los tratados de libre comercio que ha suscrito en forma bilateral con El Salvador y con Guatemala, y en forma multilateral con los mismos países y con Costa Rica y Nicaragua.

Ya se ha dicho hasta la saciedad que el Programa de Integración fue formalmente acordado por los cinco países istmeños, en 1952,

[26] La Industria 2 diciembre 1961, año II, No. 92. pp. (3-4)

precisamente en Tegucigalpa; que el Programa fue planeado a 10 años, o sea que se suponía estar completado para el año 1962; que el ritmo no se cumplió debido a los cambios de gobierno habidos en Guatemala, El Salvador y Honduras, desde 1952 hasta la fecha; que la dilación en completarse el Programa se atribuye más a ese factor político que a cualquier otro, por lo que el llamado "aceleramiento" actual no es más que un esfuerzo por recuperar el tiempo perdido.

Pruebas de todo lo anterior:

A) Tratado de Libre Comercio e Integración Económica entre Honduras y Guatemala.

CAPÍTULO VIII. — Disposiciones generales.

"Artículo XX. — En virtud de que el presente Tratado es de carácter estrictamente centroamericano y tiene por objeto sentar las bases para la unión aduanera de los países contratantes y la integración progresiva de sus economías, los Estados signatarios convienen…"

"ARTÍCULO XXII. — La duración de este Tratado será de un año, contándose desde el día del canje de ratificaciones, y continuará en vigencia indefinidamente mientras uno de los Estados signatarios no lo denuncie, cuando menos con seis meses de anticipación."

(Firmado el 22 de agosto de 1956. — Ministro de Economía:
Lic. Pedro Pineda Madrid).

B) Tratado de Libre Comercio e Integración Económica entre Honduras y El Salvador.

ARTÍCULO XVI. — Disposiciones generales. — "En virtud de que el presente Tratado es de carácter estrictamente centroamericano y tiene por objeto sentar las bases para la integración progresiva de las economías de los países contratantes, los Estados signatarios convienen…"

"ARTÍCULO XIX. — La duración del Tratado será de dos años, prorrogable automática e indefinidamente por iguales períodos, si alguna de las Partes Contratantes no lo diere por terminado con preaviso, de noventa días, por lo menos, a la fecha de expiración del correspondiente período."

(Firmado el 16 de febrero de 1957. — Ministro de Economía: P.
M. Gabriel A. Mejía).

C) Tratado Multilateral de Libre Comercio e Integración Económica Centroamericana. (Firmado incluso por Costa Rica).

CAPÍTULO XI. — Disposiciones finales.

"ARTÍCULO XXVIII. — El presente Tratado entrará en vigor en la fecha en que se deposite el tercer instrumento de ratificación, para los tres primeros ratificantes y, para los subsiguientes, en la fecha de depósito de sus respectivos instrumentos. La duración de este Tratado será de diez años, contados desde la fecha inicial de su entrada en vigor, y se renovará por reconducción tácita, por períodos sucesivos de diez años. El presente Tratado podrá ser denunciado por cualquiera de los Estados signatarios, con seis meses de anticipación, por lo menos, a la fecha en que termine el período inicial o los períodos sucesivos de vigencia del Tratado..."

(Firmado el 10 de junio de 1958. — Ministro de Economía: P. M. Fernando Villar).

D) Tratado de Asociación Económica de Honduras, Guatemala, El Salvador.

CAPÍTULO VI. — Disposiciones Generales. "Artículo XXVII. — Las disposiciones del presente Convenio deberán vigentes las de los Tratados Bilaterales o Multilaterales de Integración Económica Centroamericana que no se opongan a ellos. Por otra parte, el presente Tratado se aplicará con preferencia a cualquier tratado bilateral o multilateral centroamericano en lo que este amplíe las disposiciones de aquellos".

"ARTÍCULO XXVIII. — Ninguna disposición de este Tratado puede oponerse ni perjudicar la concertación de convenios centroamericanos de integración económica".

"ARTÍCULO XXX. — De acuerdo con el espíritu centroamericanista que ha inspirado la concertación del presente Convenio, las Partes Contratantes formularán, conjuntamente, invitación a los demás países de Centroamérica para que participen en la Asociación, conforme a las bases que, de común acuerdo, se determinen".

"ARTÍCULO XXXI. — El presente Tratado tendrá una duración de veinte años y expirado dicho término se prorrogará indefinidamente, salvo su denuncia con preaviso de cinco años. Continuará en vigencia cuando haya por lo menos dos países adheridos a él".

(Firmado el 6 de febrero de 1960. Ministro de Economía: Lic. Jorge Bueso A.)

Los dos tratados bilaterales antes mencionados fueron firmados por Honduras bajo el imperio de gobiernos de facto; no obstante, no han sido derogados por el Poder Legislativo, y están en vigencia a virtud del Título XVI, Capítulo Único, Artículo 341 de la Constitución de la República, que reza así: "Todas las leyes, decretos, reglamentos, órdenes y demás disposiciones que estuvieren en vigor

131

al promulgarse esta Constitución, continuarán observándose en cuanto no se opongan a ella, mientras no fueren legalmente derogadas o modificadas".

En cuanto a los tratados multilaterales suscritos por Honduras, estos acatan lo dispuesto en la Constitución, como sigue:

"Título X.— Capítulo I.— Economía. — Artículo 259. — El Estado ordenará sus relaciones económicas externas sobre las bases de la cooperación internacional, la INTEGRACIÓN ECONÓMICA CENTROAMERICANA y el respeto de los Tratados y Convenios que suscriban, en lo que no se opongan al interés nacional".

Cabe observar que los Honorables Diputados que actualmente integran el Poder Legislativo son los mismos que decretaron y sancionaron la Constitución vigente, y los mismos que ratificaron el Tratado Multilateral de Integración Económica Centroamericana y el Tratado de Asociación Económica de Honduras, Guatemala y El Salvador.

CLIMA PARA INVERSIONES

Divulgación del Banco Nacional del Fomento[27]

Honduras ha sido tradicionalmente un país exportador de productos agropecuarios. El banano ha ocupado el primer lugar, siguiendo en importancia el café, las maderas, ganado en pie y carnes refrigeradas, el algodón, plata, maíz, frijoles y otros granos.

Con la formación del Mercado Común Centroamericano y el actual proceso de industrialización, la composición de las exportaciones e importaciones está cambiando. Efectivamente, en 1957 las exportaciones de bienes manufacturados fueron de un 13.4% y en 1962 se elevaron a un 15.8% del total de exportaciones. Las importaciones de bienes de consumo han venido disminuyendo y aumentando las de bienes de capital, proceso normal de todo país en desarrollo.

El intercambio comercial se realiza principalmente con los Estados Unidos de América, área centroamericana, el Canadá, Japón y países de Europa Occidental.

Grado de Industrialización

La contribución de la industria manufacturera al Producto Nacional Bruto es pequeña comparada con la agricultura y silvicultura. La producción industrial está orientada a la manufactura de bienes de consumo (alimentos y bebidas, vestuario y artículos domésticos) y materiales de construcción.

El número de establecimientos industriales aumentó de 465 en 1958 a 512 en 1959 y 677 en 1962, muchos de los cuales son empresas pequeñas.

El número promedio de personal ocupado por establecimientos es de 31, variando el mismo desde 9 en la construcción y reparación de aparatos eléctricos, a 90 en la industria del tabaco. La mayoría de las fábricas están localizadas en las ciudades más importantes, como Tegucigalpa, San Pedro Sula, La Ceiba y Tela, en las regiones central y norte del país. Tanto en estas regiones como en la zona sur existen

---

[27] Cultura Comercial marzo 1966, Año VII, No. 3. pp. (5-7)

condiciones bastante favorables para la localización y desarrollo de parques industriales.

Plantas procesadoras de alimentos, como beneficios de arroz y café, panaderías y otras, se localizan en distintas zonas; y las de productos lácteos en los centros más poblados del país. Las fábricas de bebidas y cigarrillos se ubican en San Pedro Sula, La Ceiba, Tegucigalpa y Choluteca. Las industrias químicas de productos misceláneos operan en Tegucigalpa, San Pedro Sula y La Ceiba. Cerca de San Pedro Sula funcionan una fábrica de cemento y otra de láminas de asbesto cemento, que suplen los mercados local y centroamericano. Otros materiales de construcción, como tejas, ladrillos de cemento y arcilla, se producen en diferentes ciudades y poblados.

En los últimos años, y con la existencia del Mercado Común Centroamericano, el sector industrial ha incrementado y diversificado su producción, absorbiendo más fuerza de trabajo y adquiriendo mayor importancia dentro de la economía nacional.

Tratamiento a la Inversión Extranjera

El país cuenta con instrumentos legales que hacen efectiva la protección del capital. El Estado siempre ha protegido la empresa privada y da buena acogida a las inversiones extranjeras que aprovechen los recursos del país.

La Constitución de la República ofrece garantías contra la expropiación de bienes y reconoce la función social de la propiedad; garantiza la iniciativa privada, el ahorro y la inversión, así como la libertad de comercio, de contratación y de empresa.

El capital privado extranjero recibe igual tratamiento que el nacional y goza de los mismos derechos y privilegios. No existe restricción alguna para las remesas al exterior de dividendos, intereses, regalías y repatriación de capital.

Los inversionistas extranjeros que deseen aprovechar las numerosas oportunidades que ofrece Honduras gozarán de todas esas protecciones y privilegios que el Estado otorga al capital foráneo.

Los inversionistas estadounidenses pueden obtener algunas exenciones impositivas en los Estados Unidos por las inversiones que efectúan en Honduras, dentro de la clasificación como "país subdesarrollado".

Garantías a la Inversión de Estados Unidos de América

Entre la República de Honduras y los Estados Unidos de América existe un convenio que garantiza las inversiones estadounidenses en Honduras contra ciertos riesgos. Dichas garantías protegen el capital respecto a convertibilidad monetaria y expropiación, y funcionan a través de la Agencia para el Desarrollo Internacional (AID).

Formas de Organización Mercantil

Los requisitos para establecer un negocio en Honduras son relativamente sencillos. El Código de Comercio reconoce seis formas de organización mercantil, a saber: 1) Comerciante Individual; 2) Sociedad en Nombre Colectivo; 3) Sociedad en Comandita Simple; 4) Sociedad de Responsabilidad Limitada; 5) Sociedad Anónima; 6) Sociedad en Comandita por Acciones.

Las sociedades pueden ser de capital variable. Su constitución debe hacerse constar en escritura pública otorgada ante Notario y ser inscrita, previa calificación judicial, en el Registro Público de Comercio.

También existen en Honduras las asociaciones cooperativas, consideradas como organizaciones no lucrativas y cuya constitución y funcionamiento se rige por ley especial. Las sociedades constituidas con arreglo a leyes extranjeras (las que no tienen su domicilio legal en Honduras) pueden dedicarse al comercio siempre que cumplan con los requisitos que el Código establece.

Controles en el Comercio Exterior

De acuerdo con la legislación aduanera vigente, existe libertad para efectuar toda clase de importaciones y solamente se prohíben o restringen las de algunos artículos especiales, como ser armas de fuego, monedas, billetes de banco, especies fiscales, alcoholes, alcaloides, etc. Ciertos productos naturales y alimenticios están sujetos a disposiciones legales, como certificados fitosanitarios, para proteger la salud de los consumidores.

Las exportaciones de algunos productos agropecuarios, especialmente ganado en pie, están sujetas a reglamentación, dependiendo de las circunstancias que prevalezcan en el mercado.

Marcas de Fábrica y Patentes de Invención

De conformidad con la Ley de Marcas de Fábrica vigente, todo hondureño o extranjero puede solicitar el registro de una marca de fábrica o de comercio, para obtener el derecho exclusivo de su uso. A los extranjeros, con o sin domicilio en el país, que poseen un establecimiento fabril o comercial, se les otorgan los mismos derechos y acciones que a los hondureños en cuanto se refiere a marcas de fábrica y de comercio, protección del nombre comercial, represión de la competencia desleal y de las falsas indicaciones de procedencia u origen geográfico.

La Ley de Patentes de Invención concede al autor de todo descubrimiento, invención o mejora en las ciencias, industrias o artes, el derecho exclusivo a su explotación por un tiempo determinado y de conformidad con las respectivas disposiciones. Dicho derecho se otorga tanto a inventores hondureños y extranjeros como a sus sucesores legítimos.

Los derechos que conceden las marcas de fábrica y patentes de invención pueden transferirse o enajenarse en todo o en parte, y sus propietarios pueden impedir que otros las usen ilegalmente o las imiten y, en su caso, reclamar el resarcimiento de daños y perjuicios. Honduras es signataria de la Convención Interamericana de Protección Marcaria y Comercial y del Protocolo sobre el Registro Interamericano de Marcas de Fábrica, suscritos en Washington en el año de 1929.

INTEGRACIÓN CENTROAMERICANA, INTEGRACIÓN NACIONAL Y DESARROLLO ECONÓMICO

Benjamín villanueva[28]

El tema de la integración económica centroamericana ha adquirido nueva actualidad como resultado de los trabajos que ha venido efectuando el Comité de Alto Nivel, con vistas a la elaboración de todo un nuevo esquema económico y jurídico de la integración. Tanto así, que el 9 de diciembre de 1974, en la ciudad de Guatemala, el Comité recibió de parte de la SIECA un proyecto de Nuevo Tratado General de Integración Económica Centroamericana, el cual servirá de base a los gobiernos para las subsecuentes negociaciones que necesariamente habrán de realizarse en torno a ese nuevo Tratado, quizás en el curso del próximo año.

Por otra parte, es obvio también para los que leen los periódicos hondureños, que el tema de la integración nacional de todos los sectores para hacer frente a la reconstrucción y al desarrollo del país ha adquirido especial relevancia como resultado del desastre provocado por el huracán FIFI en la economía hondureña.

La idea que quisiera dejar claramente establecida en este trabajo —que presento a título personal como una contribución al Colegio Hondureño de Economistas— es la de que ambos aspectos: integración económica de los países centroamericanos e integración de los sectores nacionales, son partes inseparables de un mismo proceso; la búsqueda de las mejores condiciones para acelerar el desarrollo económico, social y político de pequeñas, débiles y dependientes naciones como las centroamericanas.

En otras palabras, la integración centroamericana se concibe como una de las vías más prácticas y realizables para crear las condiciones de interdependencia y cooperación necesarias para estimular las inversiones, crear nuevas oportunidades de trabajo y mejorar el nivel de vida de sus habitantes. Quisiera enfatizar, en este sentido, que estoy hablando de un proceso de integración

---

[28] Pensamiento Económico de 1975, año 1, número 1. pp. (22-24)

reestructurado, en donde se hayan corregido las grandes fallas y errores del pasado y que se base en relaciones centroamericanas en donde las diferencias políticas que impiden la pacificación y normalización del área hayan tenido una solución global, simultánea y permanente.

La integración nacional de los sectores productivos es otro elemento del desarrollo, aunque visto desde otra perspectiva. Hay consenso en todos los países en que imperan objetivos democráticos, que, en el gran esfuerzo del desarrollo económico y social, todos los sectores son interdependientes; que todos los sectores productivos se complementan mutuamente y que por tanto el trabajo en equipo y en armonía es más eficaz que las labores realizadas sin coordinación y sin coherencia de objetivos. En Honduras, el propio Jefe de Estado ha reconocido esa interdependencia y la impostergable necesidad de la integración y la unidad nacional, propósitos que, por otra parte, inspiraron el Programa de las Fuerzas Armadas de Honduras según su Proclama del 4 de diciembre de 1972.

Dentro de la amplia perspectiva histórica del desarrollo económico, no cabe duda tampoco de que el proceso de integración nacional requiere, como uno de sus elementos fundamentales, de la propia integración de los grandes sectores mayoritarios de la población, principalmente el campesino, a los beneficios de la era moderna, sean estos económicos, políticos, sociales o culturales, de los cuales han estado por tanto tiempo marginados. Y es precisamente en la búsqueda de las soluciones más adecuadas para lograr este objetivo, en donde se suscitan las más acaloradas controversias, y en donde se producen múltiples epítetos que van desde "ultraderechista", "populista", "estatista", etc., hasta "socialista" y "comunista", y otros cuantos "istas" que quedan a la amplia imaginación de sus inventores. Es muy probable que, si estos epítetos no existieran, alguien inventaría otros para llamar a sus adversarios o a aquellos con quienes sus ideas no comulgan.

La experiencia histórica de otras latitudes nos indica que estas grandes controversias y aun los epítetos mencionados llevan en sí mismos el germen de grandes lecciones para pueblos y gobiernos, cuyo aprovechamiento depende de la capacidad del estadista y de las actitudes hacia el cambio que demuestren los distintos sectores. Un pueblo expuesto a estas controversias ya no es el mismo pueblo: es un pueblo más educado y con mayor conocimiento de las grandes dificultades que encierra el subdesarrollo y la pobreza. Un gobierno expuesto a estas controversias también puede, y debe para el bienestar de todos, derivar beneficios positivos de las mismas para orientar su función gobernadora.

De todo lo anterior, una verdad es evidente: que en la búsqueda del camino hacia el desarrollo y en la distribución de sus beneficios nadie tiene LA VERDAD, si bien hay algunos gobiernos y algunos sectores que la buscan con mayor objetividad y sinceridad que otros. De ahí que la interdependencia y, por ende, la integración nacional, sea un factor determinante del proceso de desarrollo y del proceso de gobernar. De ahí también que la consulta y la participación voluntaria y decidida —y sobre todo de buena fe— de todos los sectores sea un elemento indispensable de la integración y del desarrollo. De ahí, finalmente, que la integración nacional, como elemento decisivo del desarrollo, sea ahora, en la crítica situación que atraviesa el país, una necesidad imperativa.

Integración nacional, integración centroamericana y desarrollo económico y social: tres temas distintos sobre un mismo proceso. Cómo aprovechamos los tres para beneficiar al pueblo hondureño: he aquí un tópico sobre el cual no sólo los economistas hondureños, sino que todos los sectores productivos podrían y deberían aportar valiosas y constructivas contribuciones.

LECCIONES APRENDIDAS SU RELEVANCIA Y APLICACIÓN EN NUESTROS DÍAS

Concluir la recopilación de estos ensayos que contienen el pensamiento de economistas e intelectuales notables me deja ver lo muy poco que hemos avanzado en la promoción de nuestro potencial industrial. Por supuesto, ha habido cierto grado de avance, pero es necesario reflexionar en lo que se decía sobre la industrialización de Honduras y su rol en la integración Centroamericana.

En primer lugar, hay que reconocer que los esfuerzos de Honduras y la región Centroamericana por alcanzar la industrialización necesaria para lograr una plena integración se dieron en medio de un periodo marcado por la Guerra Mundial, desastres naturales y crisis financieras internacionales.

Durante los años treinta, Honduras vivió las consecuencias de la gran depresión económica global. El desplome de los precios internacionales afectó con fuerza al banano, principal producto de exportación bajo control de compañías estadounidenses. Esta dependencia condicionó todo el ciclo histórico posterior. En lo que escribió Aguilar (1965) se evidencia la preocupación por una estructura económica frágil, sin industria nacional y profundamente subordinada al capital extranjero.

En la década de 1940 la situación evolucionó. La Segunda Guerra Mundial interrumpió flujos comerciales, alteró precios de exportación e importación y obligó a los países dependientes —como Honduras— a replantearse su modelo de crecimiento. Las dificultades del transporte marítimo elevaron los precios del banano y generaron coyunturas favorables, aunque inestables.

En los años 1950 surgió el impulso modernizador que transformó la institucionalidad económica del país: creación del Banco Central de Honduras, la Ley de Fomento Industrial, los primeros proyectos de integración económica regional y la aparición de nuevas industrias vinculadas al consumo interno. Este período, ampliamente discutido por los autores del documento, constituye un punto de inflexión entre la economía agrícola tradicional y la industrialización incipiente.

En esta franja de tiempo el país, comenzó a experimentar cambios que marcaron el inicio de un lento pero significativo proceso de modernización. Durante esos años, la estructura productiva seguía dominada por el sector agropecuario, que aportaba más del 40% del Producto Interno Bruto, mientras que la industria manufacturera apenas alcanzaba cifras cercanas al 10%. Esta predominancia agrícola estaba altamente vinculada al monocultivo del banano, un renglón controlado por compañías extranjeras que definían no solo el ritmo productivo sino la estabilidad de la balanza de pagos. Entre 1948 y 1960, el banano representó entre el 45% y el 70% de las exportaciones del país, lo que lo convertía en el componente más determinante de la economía hondureña y el principal reflejo de su vulnerabilidad frente a factores externos.

A pesar de esta dependencia, durante la década se observaron signos de diversificación. Productos como el café, la madera, el ganado y el algodón empezaron a ganar relevancia en el mercado internacional. El café, especialmente, alcanzó su punto más alto en 1954, llegando a constituir cerca de una cuarta parte de las exportaciones. Sin embargo, la producción agrícola seguía marcada por la baja tecnificación y por la persistencia del latifundio, una estructura heredada del período colonial que impedía una distribución equitativa de la tierra y limitaba el desarrollo productivo interno.

En cuanto a los términos de intercambio, la década mostró una relativa estabilidad debido al precio controlado del banano bajo un régimen monopólico. No obstante, factores como huelgas laborales, epidemias agrícolas y tensiones políticas provocaron caídas notables en ciertos años, particularmente hacia el final del período. Paralelamente, el país comenzó a tomar medidas institucionales importantes para impulsar la industrialización. En 1958 se promulgó la Ley de Fomento Industrial, el primer instrumento estatal de peso orientado a incentivar la producción manufacturera mediante exoneraciones y facilidades para la importación de maquinaria. Aunque su implementación fue inicial y limitada, sentó las bases de una industria que intentaba encontrar su lugar en una economía acostumbrada a depender del sector primario.

Ya en 1960, la firma del Tratado de Asociación Económica entre Honduras, Guatemala y El Salvador, consolida el andamiaje jurídico que sustenta la integración regional. Con esto, se busca consolidar la creación del Mercado Común Centroamericano.

Durante los primeros años del MCCA, Honduras se integró activamente, aunque con preocupación por su menor grado de industrialización en comparación con los demás países del istmo. Esta desventaja se convirtió en un tema de debate hacia finales de los años 60 y principios de los 70, cuando Honduras reclamó un trato preferencial temporal para no convertirse en un mercado pasivo frente a la industrialización acelerada de Guatemala y El Salvador.

Sin embargo, Honduras seguía dependiendo de productos primarios como banano, café, maderas y ganado, aunque con ciertos cambios en su distribución porcentual.

Pero pese a ello, se observa un aumento gradual en la participación de productos manufacturados en las exportaciones, asociado al fortalecimiento de la industria nacional tras el surgimiento del MCCA. Según los datos del Banco Central de Honduras, en 1957 la manufactura representaba 13.4% de las exportaciones, y para 1962 esa cifra había aumentado a 15.8%.

Durante los primeros años de la década, el entusiasmo por el proyecto integracionista creció. La eliminación gradual de aranceles entre los países miembros estimuló la creación de nuevas plantas industriales en Honduras orientadas al mercado regional. La instalación de fábricas de cemento, productos químicos, plásticos, derivados lácteos y pequeñas líneas metalmecánicas representó un alivio para la estructura económica tradicional. Sin embargo, este crecimiento no estuvo exento de tensiones. Honduras comenzó a percibir que el mercado común favorecía más a los países ya industrializados, que encontraban en el territorio hondureño una plaza perfecta para colocar sus productos sin la barrera de aranceles. Las industrias locales, aún débiles, enfrentaban la competencia de empresas guatemaltecas y salvadoreñas mejor equipadas, con mayor tecnología y capacidad financiera.

Para finales de los años 60, estas preocupaciones se volvieron críticas. Desde Tegucigalpa, varios economistas, sindicatos y representantes del Estado reclamaron mecanismos compensatorios que permitieran a Honduras desarrollar su industria sin quedar relegada a simple consumidor regional. Es en este ambiente de tensión que estalló la llamada "Guerra del Fútbol" en 1969, un conflicto que, si bien tuvo detonantes sociales y migratorios, también estuvo profundamente vinculado a las desigualdades económicas entre Honduras y El Salvador. El estancamiento del proyecto integracionista tras el conflicto repercutió fuertemente en la industria hondureña, que dependía del comercio intrarregional para su crecimiento.

La década de 1970 inició marcada por esta fractura. Honduras se vio obligada a revisar su estrategia de desarrollo con una visión más amplia y crítica. El Estado asumió un papel más activo: impulsó reformas agrarias tímidas, expandió la inversión pública en infraestructura y fortaleció instituciones de planificación económica. El huracán Fifí en 1974 puso en evidencia la fragilidad social, productiva y ambiental del país, al mismo tiempo que generó un llamado urgente a replantear el modelo de desarrollo. La reconstrucción posterior reforzó la idea de que Honduras necesitaba diversificar su economía, reducir su dependencia del capital extranjero y fortalecer su industria nacional para enfrentar los desafíos de un entorno internacional cambiante.

Finalmente, la etapa de 1960 a 1975 estuvo marcada por la integración centroamericana, la expansión industrial en San Pedro Sula, la migración laboral interna, el fortalecimiento de la empresa privada y los debates sobre el papel del Estado en el desarrollo económico. El huracán Fifí en 1974 y la crisis económica que le siguió dieron lugar a reflexiones profundas sobre integración nacional y regional, y sobre la urgencia de modernizar la estructura productiva del país.

Hoy, 65 años después de los primeros pasos de la integración centroamericana y casi 90 años de los intentos iniciales de industrialización del país, puedo decir que, si bien, la imagen ha cambiado, los huesos del problema siguen siendo parecidos. Hoy el país no es mayoritariamente agrícola en términos de PIB —la agricultura ronda el 14% del producto, la industria cerca del 28% y los servicios alrededor del 58%—, pero sigue atrapado en una estructura de baja productividad, alta desigualdad y fuerte dependencia externa. Más de 64% de la población vive en pobreza según datos recientes del Banco Mundial, y alrededor de una cuarta parte del PIB proviene de remesas enviadas por hondureños en el exterior. Es decir, cambiamos banano en manos de transnacionales por remesas en manos de migrantes, pero la lógica de fondo —depender de fuerzas que no controlamos— se parece demasiado a la de los años que estudiamos en los textos compilados en esta colección.

El período de industrialización e integración deja varias advertencias claras. La primera: no hay desarrollo sólido si la columna vertebral de la economía está fuera del país. Antes era el enclave bananero; hoy son las remesas. Estas son vitales para millones de familias, pero no sustituyen una estrategia productiva: si en 2025 llegan a representar un 30% del PIB, eso también significa que cualquier cambio brusco en la política migratoria de Estados Unidos (como lo que actualmente está sucediendo) puede sacudir el consumo interno, las cuentas externas y la estabilidad social. Para 2026 en adelante, Honduras necesita hacer lo que entonces no se hizo a fondo en el siglo pasado: convertir los ingresos externos (hoy, remesas) en inversión productiva interna, en lugar de resignarse a que solo financien consumo básico.

Lo segundo que podemos aprender de aquel período es que la integración económica no funciona si se entra desarmado. En los sesenta, Honduras se metió al Mercado Común Centroamericano con una industria débil y terminó sintiendo que funcionaba más como mercado que como socio. Hoy el país está en DR-CAFTA y otros acuerdos, exporta café, textiles, camarón, aceite de palma, arneses para autos y otros bienes manufacturados, pero sigue mayoritariamente en eslabones de bajo valor agregado.

El reto no es firmar más tratados (como lo que tanto se ha promovido en cuanto a las relaciones comerciales con China), sino usar los existentes para subir en la cadena de valor: pasar de exportar materias primas y manufacturas simples a participar en cadenas regionales de metalmecánica, agroindustria sofisticada, farmacéutica, energías renovables, servicios digitales. Eso requiere algo que aquellos años se mencionó, pero nunca se ejecutó a profundidad: un Estado que coordine, planifique e invierta estratégicamente, no solo que otorgue exoneraciones.

En este sentido, sin una sin reforma estructural interna, el rol de Honduras en el mercado internacional tiene "piso de barro". En los setenta ya se hablaba del peso del latifundio, la baja productividad agrícola y la exclusión campesina; hoy, aunque la estructura agraria ha cambiado, la desigualdad de ingresos sigue siendo alta, con un Gini cercano a 0.50 y pobreza masiva concentrada en zonas rurales.

En esto, podemos empezar por lo que no se ha hecho con suficiente decisión: una reforma y formalización de la propiedad de la tierra, extensión agrícola moderna, cadenas de valor rurales (por ejemplo, lácteos, frutas procesadas, cacao fino, agroforestería), infraestructura rural y acceso real a crédito. La industrialización que necesitamos ahora no es solo urbana y fabril, sino también agroindustrial, territorial.

Hemos visto que en el período 1960–1975 los intentos de planificación chocaban con debilidades políticas, intereses concentrados y poca continuidad de políticas. Hoy, Honduras sigue enfrentando instituciones frágiles, conflictos políticos recurrentes y baja confianza ciudadana, todos factores que el propio Banco Mundial identifica como frenos a la diversificación y la competitividad. Por lo que, para marcar un giro real, no basta con prometer planes y creación de nuevas instituciones públicas (lo que en todos los casos ha implicado un costo hundido o bien, improductivo) sino utilizar las herramientas que disponemos para fomentar la educación, la inversión en infraestructura, ciencia y tecnología, promover un clima de inversión transparente y un gobierno eficaz en su labor.

Ahora, nuestra gran apuesta debe ser por un salto en educación y habilidades, integración local de los mercados, industrialización de nuevos territorios del país, todo alineado con la economía que se quiere construir: sostenible, industrial, autónoma y de bienestar para todos los que habitamos este país.

Obed García

FIN

www.ingramcontent.com/pod-product-compliance
Lightning Source LLC
Chambersburg PA
CBHW071422210326
41597CB00020B/3619